教你快速识读汽车电路图

广州瑞佩尔信息科技有限公司　组编

主编　胡欢贵

机械工业出版社

本书以汽车电路图的识读和维修应用为主旨，从基础知识入手，介绍了汽车电路的基本概念、电路图的分类及识读规律，以及汽车电路故障维修流程与基本方法。全书首先对汽车发动机电路、底盘电路、车身电器电路及各控制系统电路逐一介绍分析并配以实战维修案例进行讲解，然后分品牌介绍了欧美车系、日韩车系以及自主品牌汽车电路图的识读规范与方法。在第八模块中，详细讲解了新能源汽车高压系统电路的识读和维修方法（新能源汽车低压系统基本没有变化）。附录则对汽车电路图中常见的英文缩略语进行了中文注解。

本书采用彩色编排，内容图文结合，浅显易懂，所列举电路资料新颖实用，很适合汽车维修技术人员、汽车改装爱好者、汽车驾驶人及私家车车主阅读使用，同时，也可供各汽车院校与汽车职业培训机构作为教辅书籍使用。

图书在版编目(CIP)数据

教你快速识读汽车电路图/广州瑞佩尔信息科技有限公司组编；胡欢贵主编. —北京：机械工业出版社，2019.8

ISBN 978-7-111-63427-0

Ⅰ.①教… Ⅱ.①广… ②胡… Ⅲ.①汽车—电气设备—电路图—识图 Ⅳ.①U463.620.2

中国版本图书馆 CIP 数据核字(2019)第 173664 号

机械工业出版社（北京市百万庄大街22号　邮政编码100037）
策划编辑：赵海青　　　　　责任编辑：赵海青　刘　煊
责任校对：潘　蕊　佟瑞鑫　封面设计：严娅萍
责任印制：李　昂
北京瑞禾彩色印刷有限公司印刷
2019年11月第1版第1次印刷
184mm×260mm · 14.5印张 · 356千字
0 001—3 000册
标准书号：ISBN 978-7-111-63427-0
定价：69.90元

电话服务	网络服务
客服电话：010-88361066	机 工 官 网：www.cmpbook.com
010-88379833	机 工 官 博：weibo.com/cmp1952
010-68326294	金 书 网：www.golden-book.com
封底无防伪标均为盗版	机工教育服务网：www.cmpedu.com

前言
FOREWORD

　　当代的汽车是机电一体的产物，各种汽车电器，电子控制系统因技术的发展与成熟不断应用于汽车上。这样一来，作为汽车维修技术人员、汽车改装技术人员、专职驾驶人员，以及私家车车主都有必要熟知汽车电路。

　　汽车电路图是汽车电路符号化的书面语言，我们通过它了解汽车电器的工作原理、汽车电路中各器件之间的关系、汽车线束的布置与接口针脚的连接等信息。

　　从通用性上来说，汽车电器及各个系统的电子控制工作原理是大同小异的，这让我们了解和掌握汽车电路就有规律可循。而从电路图的表现形式来看，因汽车品牌各自规范的不同，如线色的定义、接口端子的定义和电路图的表现形式各成一体，这些又给电路图的识读带来一定的不便。

　　任何一种汽车电路，我们都可以通过回路原则去认识它，一个为工作回路，一个为控制回路，从电源出发，到搭铁(接地)结束。在一个看似庞大繁杂的电路系统中，我们如果只取需要的部分(技术作业或故障分析的需要)，对其他用不到的部分"视若不见"，这样看电路就非常简单了。电源(包括供电通路中的熔丝、控制供电的继电器)、执行器或工作电器、开关或控制器件以及搭铁或接地，这构成电路的四大要素，可以作为识读汽车电路或检修汽车电路故障的主体。

　　综上所述，要学会看汽车电路图，也不是很困难的事情，有电子技术基础，当然更容易，没有这个基础，也构不成多大的障碍。

　　本书从汽车电路识读基础入门出发，介绍了汽车电路的基本概念，识读汽车电路图的基本规律与方法；结合汽车电路故障维修的需要，对维修所需工具、维修注意事项、常用方法和流程都进行了简洁有效的讲述。针对如何了解和掌握具体系统的电路维修方法，本书将各种汽车电路分为发动机电路、底盘电路、车身基本电器电路及安全舒适系统电路四大类进行分门别类的说明。各类电路维修案例为常见品牌的新款车型，在实际应用中，也有很高的资料价值。为使电路识读与维修应用结合更为紧密，对每个电路都以实战案例辅以说明。为适应新能源汽车维修需求，本书重点增加了"新能源汽车高压电路识读与维修"模块。

　　本书内容图文并茂，浅显易懂，所举车型数据新，参考价值高，不仅是汽车维修人员熟悉了解汽车电路图的入门读物，同时也可以作为各汽车院校、职业培训单位汽车电路图识读的教学辅助教材。

　　本书由广州瑞佩尔信息科技有限公司组织编写，胡欢贵主编，参加编写的人员还有朱其谦、杨刚伟、吴龙、张祖良、汤耀宗、赵炎、陈金国、刘艳春、徐红玮、张志华、冯宇、赵太贵、宋兆杰、陈学清、邱晓龙、朱如盛、周金洪、刘滨、陈棋、孙丽佳、周方、彭斌、王坤、章军旗、满亚林、彭启凤、李丽娟、徐银泉。在编写的过程中，我们参考了大量汽车电路图识读与分析方面的技术文献和资料，在此谨向这些资料的作者表示诚挚的谢意。

　　由于编者水平有限，错漏与不足之处在所难免，还望广大读者不吝批评指正。

2019 年 5 月于羊城

目 录
CONTENTS

前言
模块一　汽车电路图识读基础 1
　项目一　汽车电路基本概念 1
　项目二　汽车电路基本元件与电路表达形式 3
　项目三　汽车电路识读规范与规律 8
模块二　汽车电路故障维修基础 18
　项目一　汽车电路维修用工具 18
　项目二　汽车电路维修注意事项 22
　项目三　汽车电路维修流程与方法 24
模块三　汽车发动机电路识读与维修 31
　项目一　发动机起动系统电路识读与维修 31
　项目二　发动机冷却系统电路识读与维修 39
　项目三　发动机防盗系统电路识读与维修 40
　项目四　发动机巡航系统电路识读与维修 42
　项目五　发动机电控系统电路识读与维修 46
模块四　汽车底盘电路识读与维修 56
　项目一　自动变速器电路识读与维修 56
　项目二　ABS 电控电路识读与维修 62
　项目三　电控助力转向电路识读与维修 66
　项目四　电控悬架电路识读与维修 69
模块五　汽车车身基本电器电路识读与维修 72
　项目一　汽车电源与充电电路识读与维修 72
　项目二　汽车照明与信号指示电路识读与维修 77
　项目三　汽车电动与电热装置电路识读与维修 88
　项目四　汽车组合开关与仪表电路识读与维修 100
　项目五　汽车音响电路识读与维修 104
　项目六　汽车手动空调电路识读与维修 108

模块六　汽车安全舒适系统电路识读与维修 ········ 112
项目一　汽车安全气囊控制电路识读与维修 ········ 112
项目二　汽车防盗系统电路识读与维修 ········ 115
项目三　汽车导航电路识读与维修 ········ 120
项目四　倒车雷达电路识读与维修 ········ 125
项目五　汽车自动空调电路识读与维修 ········ 126
项目六　汽车BCM控制系统电路识读与维修 ········ 135
项目七　汽车CAN总线电路识读与维修 ········ 139

模块七　品牌汽车电路识读规范 ········ 143
项目一　大众、奥迪、斯柯达等汽车电路识读说明 ········ 143
项目二　奔驰汽车电路图识读说明 ········ 146
项目三　宝马汽车电路图识读说明 ········ 150
项目四　别克、雪佛兰、凯迪拉克等通用车系汽车电路识读说明 ········ 153
项目五　福特汽车电路图识读说明 ········ 156
项目六　克莱斯勒汽车电路图识读说明 ········ 158
项目七　丰田、雷克萨斯汽车电路图识读说明 ········ 161
项目八　本田、讴歌汽车电路图识读说明 ········ 165
项目九　日产、英菲尼迪汽车电路图识读说明 ········ 166
项目十　马自达汽车电路图识读说明 ········ 168
项目十一　三菱汽车电路图识读说明 ········ 171
项目十二　现代、起亚汽车电路图识读说明 ········ 173
项目十三　标致-雪铁龙汽车电路图识读说明 ········ 175
项目十四　国产自主品牌汽车电路图识读说明 ········ 179

模块八　新能源汽车高压系统电路识读与维修 ········ 189
项目一　高压电池系统电路识读与维修 ········ 189
项目二　高压充电系统电路识读与维修 ········ 194
项目三　高压配电系统电路识读与维修 ········ 200
项目四　电机驱动系统电路识读与维修 ········ 202
项目五　温度管理系统电路识读与维修 ········ 207
项目六　整车控制系统电路识读与维修 ········ 215

附录　常见汽车电路英文缩略语解释 ········ 219

参考文献 ········ 224

模块一　汽车电路图识读基础

项目一　汽车电路基本概念

目前汽车上使用了许多电气装置，随着电子技术的飞速发展，各种装置已逐步实现了集成电路化和电脑化。因此，大家必须牢固掌握电学基础知识并做到学用结合，使自己在遇到电气方面的问题时能够轻松面对和解决。

一、电压和电流

1）以水为例来说明电压是很容易理解的。如图 1-1 所示，用管子将水槽 A 和 B 连接，A 中的水就会流向 B。这是由于水面高度差（水位差）造成了水的流动。

图 1-1　以水喻电对电压与电流的理解

2）电也是这样，两个点之间存在的电势差，也会使电在两个点之间流动。相当于水位差的叫做电动势，也叫电压，相当于水量的叫做电流。

电流的大小用单位安培（A）表示，电压的大小用单位伏特（V）表示。

3）电流中既有流动方向和大小都是一定的（直流），也有方向和大小随着时间而变化的（交流），如图 1-2 所示。

① 如图 1-2a 所示，直流中有方向和大小不变的，也有方向不变但大小却如脉搏那样波动变化的。通常直流是指不变的电流，用 DC（direct current）表示。大部分干电池和蓄电池的电流均属于直流。

② 交流电用 AC（alternating current）表示，一般家庭用电的电流均属于交流，它的方向和大小都随着时间而发生周期性的变化，如图 1-2b 所示。

4）**电流的三个作用**。电流流动时会产生三个作用，即热作用、化学作用和磁场作用。

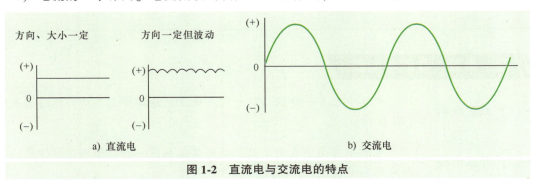

图 1-2　直流电与交流电的特点

汽车的电气设备上也应用了这些作用。

▶① 电流的热作用	电流通过灯泡时,灯泡中的灯丝被加热而发光。柴油机的预热(预热塞)和电热器等都利用了这个作用。
▶② 电流的化学作用	在食盐水或稀硫酸液中放入两个电极,电流通过后就会产生电分解,从极板表面冒出气泡来。蓄电池及电镀就是利用了这个作用。
▶③ 电流的磁场作用	将有电流通过的导线朝磁针平行接近,磁针便会摆动。这是因为在导线周围产生了磁力线并作用于磁针。

二、电阻

将上、下两个水罐用粗、细、长、短不同的管子连接,其单位时间流过的水量各不相同,这是由于管子有妨碍水流过的作用,即阻力不同的缘故,如图1-3所示。

电也是如此,将存在电势差的两个物体用导线连接使电流通过,即使电势差相同,由于导线电阻的缘故也会使电流的大小不一样。导线的电阻因物质而异,并且与导线长度成正比、与截面积成反比。另外,同一物质的电阻也会因温度而产生差异。电阻用单位欧姆(Ω)表示。

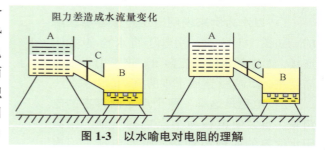

图1-3 以水喻电对电阻的理解

三、导体和绝缘体

有的物质容易使电通过,也有的不容易通过。电阻小的物质叫导体,电阻大的叫绝缘体,介于两者之间的叫半导体。

半导体具有因电流方向、磁场、光、热等外部条件的改变而在半导体和绝缘体之间变化的性质。有以上三种特性的物质见表1-1。

表1-1 导体、绝缘体与半导体物质举例

	例
导体	银、铜、铝、石墨、酸性或碱性水溶液
绝缘体	玻璃、陶瓷、胶木、橡胶
半导体	硅、锗、硒

四、串联、并联与混联

▶(1) 串联电路　　电路中有多个电阻,通过同一电流的连接方式,称为电路的串联(图1-4a)。

▶(2) 并联电路　　电路中有两个或两个以上的电阻施加同一个电压的连接方式,称为电路的并联(图1-4b)。

► (3) 混联电路　　电路中既有电阻并联又有电阻串联的电路称为电路的混联(图1-4c)。

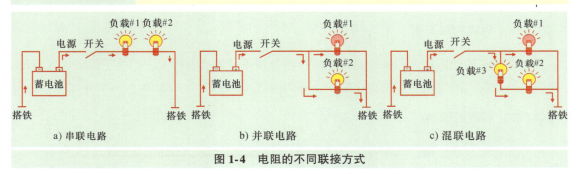

图1-4　电阻的不同联接方式

五、电路

1) 电路就是由一些元器件组成的电流流通通路。一个简单的电路一般由电源、负载、导线、控制装置、保护装置几部分组成，如图1-5所示。

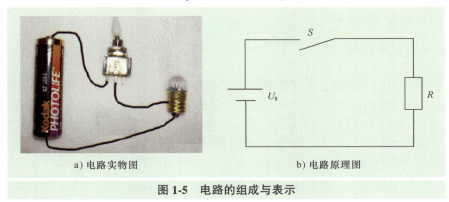

图1-5　电路的组成与表示

2) 电路的作用：一是产生、输送、分配和转换电能，二是可以进行信息的传递、处理、储存及测量等。

3) 电路的工作状态：有通路、断路、短路三种状态，还可分为有载工作状态、无载工作状态。

4) 电路图：为了简便起见，通常不用实物，而用国家统一规定的图形符号把电路组成的元器件连接起来的图形。

5) 电路的种类：根据电路中电流的性质，电路可分为直流电路和交流电路；根据结构的不同，电路可分为有分支电路、无分支电路、简单电路和复杂电路；根据电路的范围，电路可分为外电路、内电路、部分电路和全电路。

项目二　汽车电路基本元件与电路表达形式

一、电路导线

导线用于连接汽车电源和用电设备，是组成汽车电路的基本元件之一。汽车上的导线均采用多股铜线,并对导线的截面积和导线的颜色等有具体的规定,以满足汽车电路使用的要求和方便维护。

(一) 导线的截面积

汽车电路导线的截面积一般是根据所接用电设备的电流值确定,但为了保证导线有足够的机械强度,规定截面积最小不能小于 $0.5mm^2$。

(二) 导线的颜色

为方便配线和检修,汽车各条线路的导线均采用不同的颜色,各国对汽车导线的颜色有不同的规定。比如我国要求截面积 $4.0mm^2$ 以上的导线采用单色,其他导线则采用双色(在主色基础上加辅助色条),如图 1-6 所示。各国汽车厂商对汽车电路线色的定义可以参见本书附录一的内容。

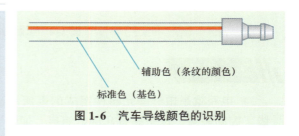

图 1-6 汽车导线颜色的识别

(三) 导线颜色代码

为方便电路识别和检修,在导线的接线端和电路图上通常都标有导线颜色代码。国际标准组织(ISO)规定采用各颜色的英文字母为导线色码,我国及英国、美国、日本等均采用英文字母,但也有一些国家则采用本国母语字母作为导线色码。

汽车电路图中双色线的标注方法是主色在前,辅色在后。比如"BW",表示该导线的主色是黑色,辅色为白色。也有在主、辅色代码之间加"/"或"——"的标注方法。

在一些汽车电路图中,还标出了导线的截面积。比如"1.5Y",表示该条线路的导线截面积为 $1.5mm^2$,导线颜色为黄色。

二、熔断器与熔丝

熔断器与熔丝在电路中起安全保护作用,也是汽车电路的基本元件之一。当电路过载或短路时,串联在被保护电路中的熔断器或熔丝就会发热而熔断,切断被保护电路,以防止线路和用电设备烧毁。

(一) 熔断器

熔断器中的熔丝串联在其所保护的电路中。一般情况下,当通过熔丝的电流达到额定电流的 1.35 倍时,熔丝会在 60s 内熔断;当电流达到 1.5 倍时,20A 以下的熔丝在 15s 内熔断,30A 熔丝在 30s 以内熔断。

熔断器的熔丝通常固定在可插式塑料片上或封装在玻璃管内。汽车电路有多个熔断器,通常是集中

图 1-7 汽车中的熔断器与熔丝

安装在一个或几个接线盒中。各个熔断器都编号排列，有的还涂以不同的颜色，以便于识别。熔断器与熔丝的安装如图 1-7 所示。

（二）熔丝

熔丝由多股绞合而成，用于保护工作电流较大的电路。熔丝的不同规格通常以不同的颜色来区分。熔丝通常也被集中安装在接线盒内。

三、线路连接插接器

（一）插接器的组成与作用

插接器由插头和插座两部分组成，用于电气设备与线路的连接和线路之间的连接。与老式的单线接线柱连接方式相比，插接器连接方式具有接线方便迅速、线束结构简洁紧凑、避免接线错误等优点，已被现代汽车普遍采用。

（二）插接器的结构与识别

汽车上不同位置所用插接器的端子数目、几何尺寸和形状各不相同。为保证连接可靠，插接器设有锁止装置，大多数插接器具有良好的密封性，以防止油污、水及灰尘等进入而使端子锈蚀。有的插接器还设有未插紧识别机构和插接器拔开端子短接保护机构。

插接器一例见表 1-2。不同国家、不同汽车公司其汽车电路图上插接器的图形符号表示方法不尽相同，但方格中的数字都是代表插接器各端子号。通常用涂黑表示插头，不涂黑表示插座；有倒角的表示插头插脚呈柱状，直角的表示插头插脚为片状。

表 1-2　汽车电路中插接器的表示(以三菱汽车为例)

项　目	插头/搭铁	形象图标	内　容
端子及插头的表示	凸形端子　凸侧插头	凸形端子 凸侧插头 1 2 3 4 5 6 7 8 凹形端子 凹侧插头 1 2 3 4 5 6 7 8	端子的形象图标中，插入的端子叫凸形端子，被插入的端子叫凹形端子，以图示方法表示并代表不同的应用方式。此外，装有凸形端子的插头叫凸侧插头，装有凹形端子的插头叫凹侧插头，在插头的形象图标中，凸侧插头用双轮廓线、凹侧插头用单轮廓线以图示方法表示并区别使用
	凹形端子　凹侧插头		

(续)

项目	插头/搭铁		形象图标	内　容
表示插头形象的符号	设备			形象图标如同图示方向所看到的车辆上插头的实际形象。与设备的连接采用设备侧插头形象。中间插头采用凸侧插头形象，备用插头及检测用插头因未装设备，所以采用线束侧插头形象分别予以表示
	中间插头			
	备用插头、检测用插头			
插头连接方式的表示	直插式			与设备和线束侧插头的连接，分为直接插入设备的方式（直插式）和与设备侧线束插头连接的方式（附属线束式），以图示方法表示并代表不同的应用方式
	附属线束式			
	中间插			
搭铁的表示	车体搭铁			搭铁方法有车体搭铁、设备搭铁及控制装置内搭铁等，各自以图示方法表示，并代表不同的应用方式
	机器搭铁			
	控制装置内搭铁			

四、开关

 （一）开关的作用与类型

开关在汽车电路中起接通/关断电路的控制作用。汽车电路中的开关很多，种类也很多。按操纵方式不同分有**手动(旋转、推拉、按压)开关、压力控制开关、温度控制开关、机械控制开关**等,按开关的通断状态分有动合(常开)开关、动断(常闭)开关两种类型。

汽车电路中一些开关为复合型开关,具有两个或两个以上的电路通断功能,如点火开关、风扇开关、灯光开关等。现代汽车上还使用了组合开关,组合开关是将两种或两种以上的开关集装在一起,可使操纵更加方便。

(二)开关功能的识别

对于复合型开关和组合开关,控制的电路比较多,认清开关在各状态下其线路连接端子和电路通断关系,对理解电路原理及故障诊断是很有必要的。可通过开关原理图和开关档位图了解开关的功能和内部触点的通断情况。

五、继电器

继电器在汽车电路中起保护和自动控制的作用。汽车电路中所使用继电器的种类较多,按继电器触点的工作状态的不同,可将其分为常开型、常闭型和混合型三种类型。

汽车电路中使用的继电器主要形式如图1-8所示。

▶(1) 常开型继电器

继电器线圈不通电时,继电器触点在弹簧力作用下保持张开,继电器线圈通电后产生磁力吸合触点,接通相应的电路。

▶(2) 常闭型继电器

继电器线圈不通电时,继电器触点在弹簧力作用下保持闭合,继电器线圈通电后产生磁力将触点吸开,断开相应的电路。

▶(3) 混合型继电器

混合型继电器具有常开和常闭触点,继电器线圈通电后使常开触点闭合,常闭触点张开,以通断相应的电路。

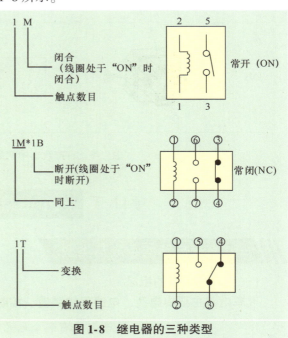

图1-8 继电器的三种类型

有的继电器具有两个线圈。双线圈继电器大致有两种类型:一种是两线圈同时通电时触点才动作,另一种是只要有一个线圈通电触点就可以动作。

图1-9所示是日产汽车中常见的几种继电器类型。

型号	外观	线路	插头符号和连接	外壳颜色
1T	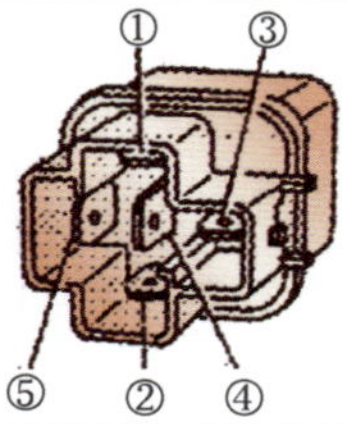	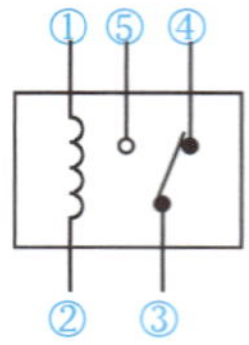	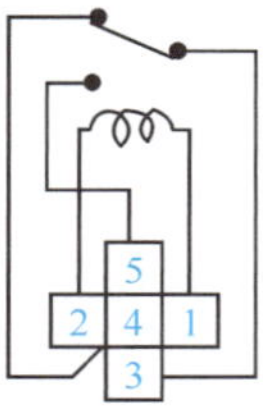	黑
2M	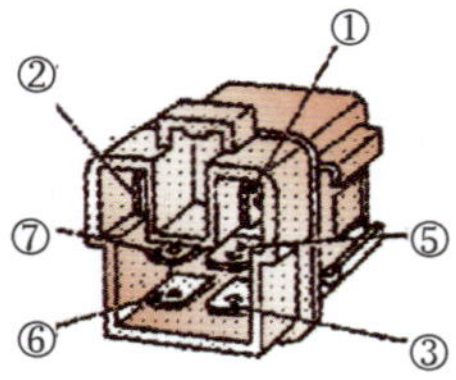	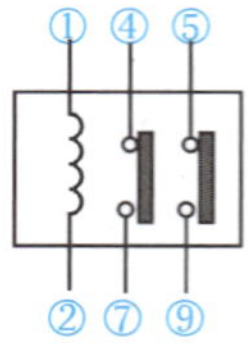	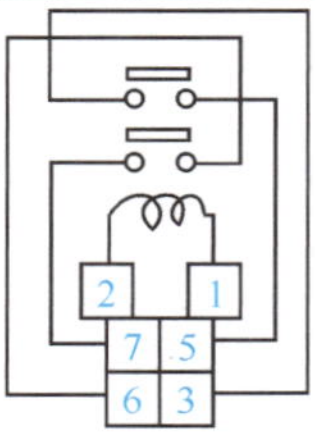	棕
1M-1B	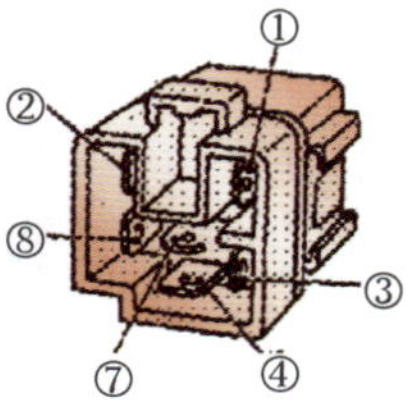	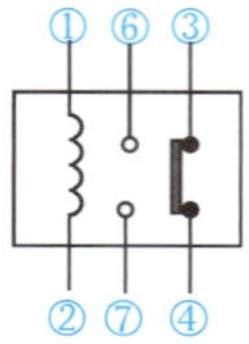	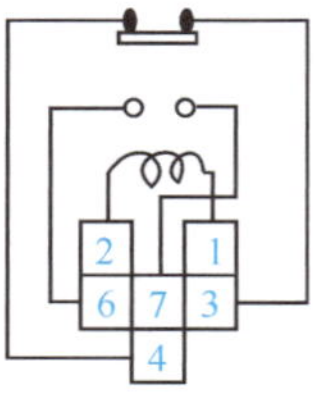	灰
1M	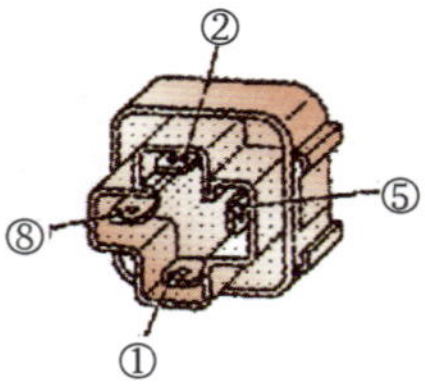	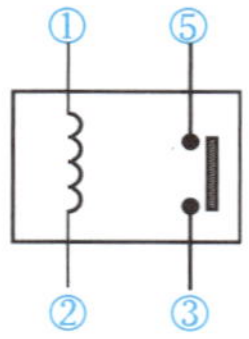	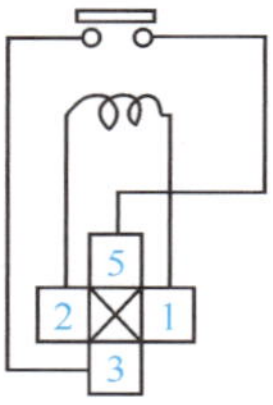	蓝

图1-9 日产汽车中常见的几种继电器类型

项目三 汽车电路识读规范与规律

一、汽车电路的组成与类型

（一）汽车电路的组成

汽车电路主要由电源、电路保护装置、控制器件、用电设备及导线组成。

▶（1）电源　　汽车上装有两个电源，即蓄电池和发电机。电源的作用是保证汽车各用电设备在不同情况下都能正常工作。

▶（2）电路保护装置　　电路保护装置主要有熔断器、电路断电器及熔丝等，其功能是在电路中起保护作用。当电路中流过超过规定的电流时切断电路，防止烧坏电路连接导线和用电设备，并把故障限制在最小范围内。

▶ (3) 控制器件　　除了传统的各种手动开关、压力开关、温控开关外，现代汽车还大量使用电子控制器件，包括简单的电子模块（如电子式电压调节器等）和微电脑形式的电子控制单元（如发动机电控单元、自动变速器电控单元等）。电子控制器件和传统开关在电路上的主要区别是电子控制器件需要单独的工作电源及需要配用各种形式的传感器。

▶ (4) 用电设备　　用电设备包括电动机、电磁阀、灯泡、仪表、各种电子控制器件和部分传感器等。

▶ (5) 导线　　导线用于将以上各种装置连接起来构成电路。此外，汽车上通常用车体代替部分从用电器返回电源的导线（图1-10）。

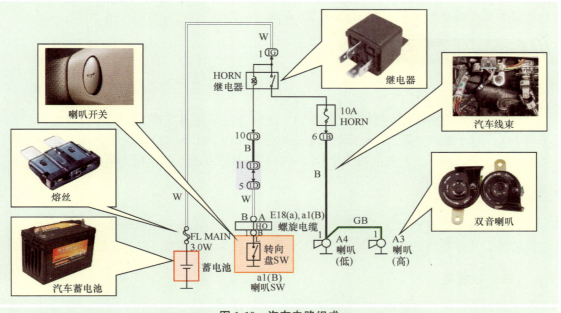

图1-10　汽车电路组成

（二）汽车电路的类型

◀ (1) 配电电路、搭铁电路与控制或信号电路

　　汽车电路根据功能不同可分为配电电路、搭铁电路及控制或信号电路。配电电路为电气部件提供电源，搭铁电路为电气部件提供电源回路，控制电路控制电气部件是否工作。

◀ (2) 直接控制电路与间接控制电路

　　根据控制器件与用电部件之间是否使用继电器，可分为直接控制电路和间接控制电路。直接控制电路中不使用继电器，控制器件与用电器串联，直接控制用电器，是最基本、最简单的电路。间接控制电路在控制器件与用电部件之间使用继电器或电子控制器，如图1-10所示，控制器件和继电器内的电磁线圈所处的电路为控制电路，用电器和继电器内的触点所处的电路为主电路。继电器或电子控制器对受其控制的用电器来讲是控制器件，但继电器和晶体管同时又受到各种开关、电控单元等控制器件的控制，又是执行器件。

◀ (3) 手动控制电路与电子控制电路

手动控制电路采用手动开关对用电设备进行控制。手动开关有点火开关、照明灯开关、信号灯开关及各控制面板与驾驶座附近的按键式开关、拨杆式开关及组合式开关等。

目前电子控制技术在现代汽车上得到了广泛应用，如发动机电控燃油喷射取代了机械控制燃油喷射，ABS及自动变速器由液压控制转变为电子控制等。电子控制电路增加了信号输入元件和电子控制单元，由电子控制单元对用电设备（执行器）进行自动控制。

在汽车电子控制系统中，电控单元（ECU）通过接收传感器和控制开关输入的信号，根据其内部预先存储的数据和编制的程序，通过数学计算和逻辑判断，直接或间接控制执行器工作。汽车电控系统电路可分为电控单元的电源电路、传感器/开关信号输入电路及执行器工作电路以及信号共享（CAN总线）电路。

二、汽车电路的特点

（一）低压

汽车电气系统的标称电压有12V和24V两种，轿车普遍采用12V，而重型柴油车多采用24V。对于发电装置，12V系统的额定电压为12V。低压系统的主要优点是安全；蓄电池单格数少，对减少蓄电池的质量和尺寸有利；白炽灯的灯丝较粗，寿命较长。

（二）直流

汽车采用直流系统的原因是发动机要靠起动机起动，起动机由蓄电池供电，而蓄电池电能消耗后又必须用直流电充电，所以汽车电气系统为直流系统。

（三）单线制

单线制是指从电源到用电设备只用一根导线连接，用汽车车身、发动机等金属机体作为另一根共用导线，线路简化清晰，安装和检修方便，且电气部件不需与车体绝缘，所以现代汽车普遍采用单线制，但在特殊情况下，有时也需采用双线制。

（四）并联

为了让各用电器件能独立工作，互不干扰，用电器件均采用并联方式连接，每条电路均有自己的控制器件及保护装置。控制器件保证每条电路的独立工作，保护装置是用来防止因电路短路或过载而引起导线及用电器件的损坏。

（五）负极搭铁

采用单线制时，蓄电池的一个电极接到车体上，称为"**搭铁**"。若蓄电池的负极与车体连接，则称为负极搭铁；反之，则称为正极搭铁。现在国内外汽车均统一采用负极搭铁。

（六）由相对独立的分系统组成

汽车电路由相对独立的分系统组成，全车电路一般包括以下几部分。

1) 起动电路由起动机、起动继电器、起动开关及起动保护装置组成。
2) 点火电路由点火线圈、分电器、电子点火器、火花塞、点火开关等组成。此外，由发动机控制单元进行点火控制时，可以不使用分电器。
3) 照明与信号电路由前照灯、雾灯、示宽灯、转向灯、制动灯、倒车灯、电喇叭等及其控制继电器和开关组成。
4) 仪表与警告电路由仪表、传感器、各种警告指示灯及控制器组成。
5) 电子控制装置电路由电控燃油喷射系统、自动变速器、防抱死制动系统、定速控制及悬架平衡控制等组成。
6) 辅助装置电路由为提高车辆安全性、舒适性、经济性的具有不同功能的电气装置组成。这些装置因车型不同而有所差异，一般包括风窗玻璃刮水/清洗、风窗玻璃除霜/防雾、起动预热、音响、车窗电动升降、电动座椅调节及中央电控门锁等装置组成。

（七）电源电路的组成

电源电路由蓄电池、发电机、调节器及工作状况指示装置（电流表、充电指示灯）等组成。

三、汽车电路图的类型与特点

汽车电路图是将各电气部件的图形符号通过线条连接在一起，用于表达各电气系统的工作原理及电气部件之间的连接关系，同时还可表示各种电气部件、线束等在车上的具体位置。

汽车电路图可分为电路原理图和电路位置图两种。

（一）电路原理框图

汽车电路原理框图是表示汽车电气系统、分系统、装置、部件中各项目的基本组成和相互关系的一种简图，一般采用方框符号表示和单线绘制，主要是用来了解系统和设备的概貌和基本工作原理，为进一步制定详尽文件提供依据，也可为实际操作和维修提供参考。

有一种框图表明某一部件内部的功能，如图1-11所示；还有一种框图可以用来说明某个系统组成部件之间的连接关系，如图1-12所示。

（二）电路原理线路图

汽车电路原理线路图（简称电路图）是最为常见的一种电路图，它是用规定的汽车电气图形符号、文字符号，按工作特点或功能布局绘制，可详细地表示汽车电气系统的组成、连接关系和电路工作原理，而不考虑实际位置的简图。

电路原理图可清楚地反映出电气系统各部件的连接关系和电路原理，具有以下特点。

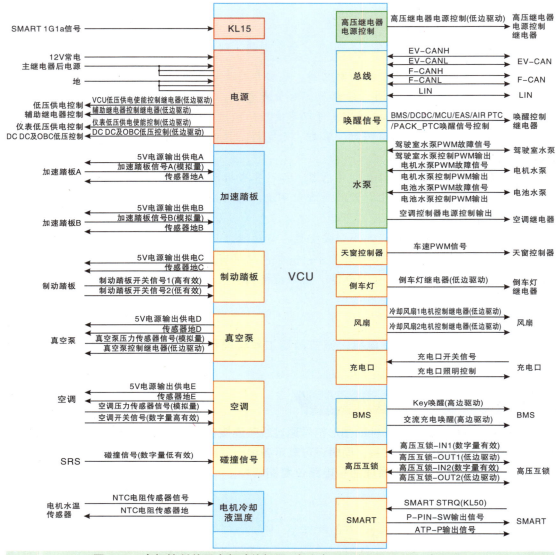

图 1-11　车辆控制单元内部功能框图(广汽本田理念 VE-1,纯电动 SUV)

　　1)用电气符号表示各种电气部件。

　　2)通常电源线在图上方,搭铁线在图下方,电流方向自上而下。电路较少迂回曲折,图中电气串联、并联关系十分清楚,易于识读。

　　3)各电气不再按电气在车上的安装位置布局,而是依据工作原理,在图中合理布局,使各系统相对独立,易于对各用电设备进行单独的电路分析。

　　4)各电气旁边通常标注有电气名称及代码(如控制器件、继电器、过载保护器件、用电器、铰接点及搭铁点等)。

　　5)电路原理图中所有开关及用电器均处于不工作状态,例如点火开关关闭、发动机不工作、车灯关闭等。

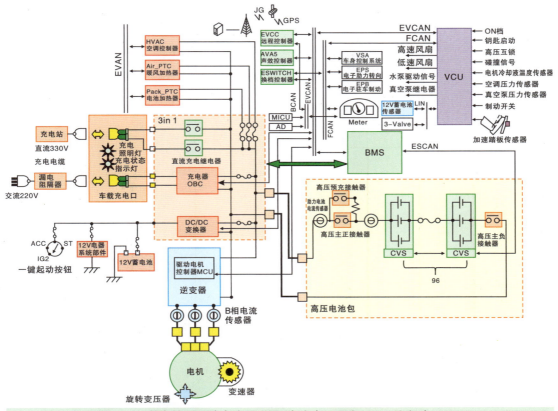

图 1-12　整车控制系统电路原理图(广汽本田理念 VE-1,纯电动 SUV)

6) 导线一般标注有颜色和规格代码,有的车型还标注有该导线所属电气系统的代码。根据以上标注,易于对照定位图找到该电器或导线在车上的位置。

这种电路图有**分系统电路图**(或称单元电路图或局部电路图)和**整车电路图**(总电路图)两种。

系统电路原理图如图 1-13 所示,是表示汽车电气的一个系统或部分的电路,是分析的重要依据。整车电路原理图如图 1-14 所示,它表示整车电气系统及工作原理。

(三) 电路位置图

在电路图上,位置图分有线束位置图、元件位置图及插接件位置图等。这些图常结合电路原理图一起使用,通过这些位置图可以很清楚地了解到原理图中涉及的线束,插接件,元件在实车上的分布和位置。

线束位置图与元件分布图(连接端口表示)常集中在一起表现,如图 1-15 所示。也有的汽车电路图,单独用实物位置表示电路中元件与插接件的位置,如宝马、奔驰、现代和起亚等,如图 1-16 所示。

还有两类线束图,根据总线束功能分为发动机线束或仪表线束或车身线束,单独表示出该线束上所连接的器件和插口图,如图 1-17 和图 1-18 所示。

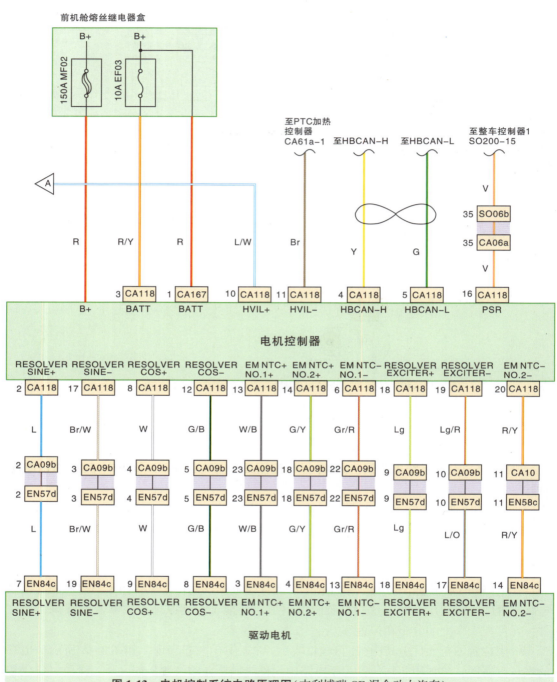

图1-13 电机控制系统电路原理图（吉利博瑞GE混合动力汽车）

模块一　汽车电路图识读基础

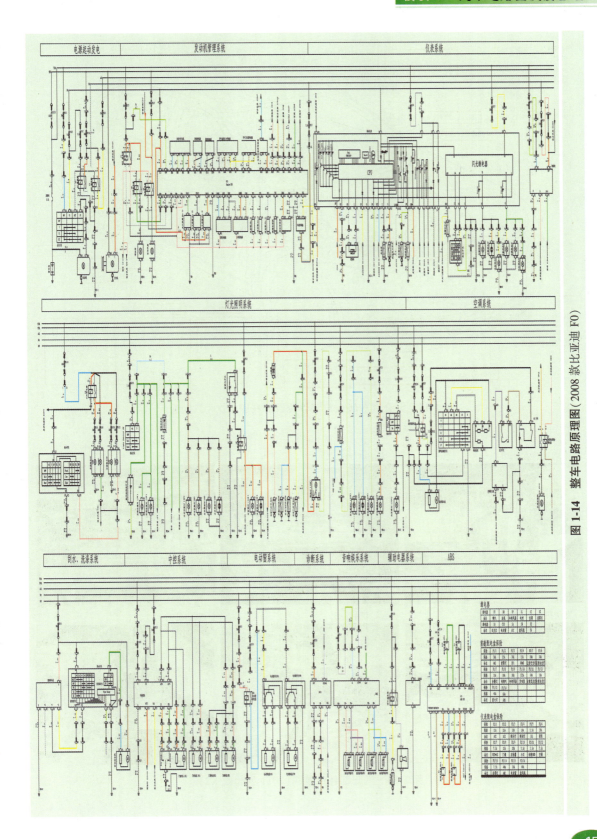

图 1-14　整车电路原理图（2008 款比亚迪 F0）

图1-15 大众汽车线束与元件位置分布图（2008款朗逸）

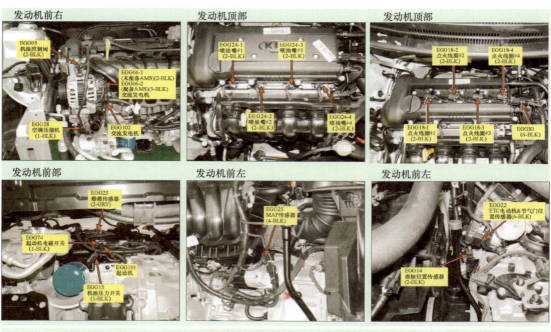

图1-16 汽车部件位置图（2011款起亚K2）

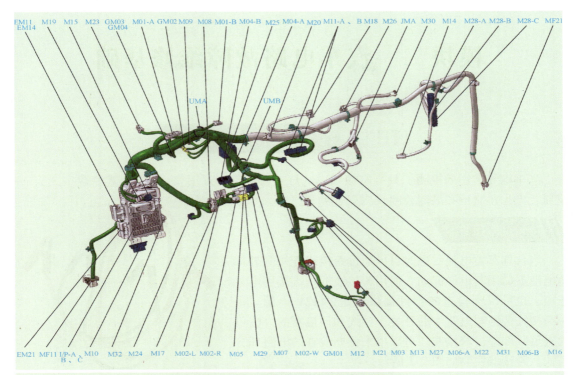

图 1-17　主线束连接端口图（2011 款起亚 K2）

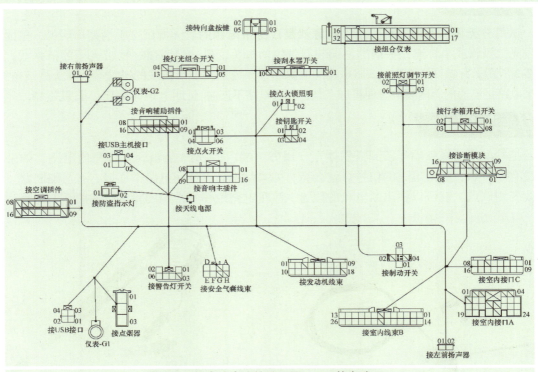

图 1-18　仪表线束连接端口图（2011 款奇瑞 E5）

模块二　汽车电路故障维修基础

项目一　汽车电路维修用工具

汽车电气常用的检测工具有跨接线、试灯、验电笔、万用表（分指针式和数字式）、示波器、点火正时枪和故障诊断仪（解码器）等。

一、跨接线

当自驾车蓄电池亏电时可以通过跨接线连接到外部蓄电池上借用其电源起动，而用跨接线的一端接蓄电池正极，也可以为检查的部件提供稳定的12V电源。采用跨接线旁路掉电路中的开关、导线和插接器的办法可检查负载部件，跨接线还可以用来将要检查的电路部分搭铁。跨接线实物如图2-1所示。

图2-1　汽车电路维修用跨接线

二、试灯

试灯分无源和有源两种，所谓有源就是自身带电源的。无源试灯手柄是透明的，里面装有发光二极管或小灯泡，手柄的一端装有带尖的探头，另一端引出一根带夹子的搭铁线，如图2-2所示。有源试灯使用时要将电路的电源断开，搭铁夹子接负载的搭铁端，探头接馈电线，如果电路是连通的，内装电池便将灯点亮，如果电路不连通（证明电路有断路），灯就不亮。

三、验电笔

把验电笔的搭铁端连接到搭铁体上，用另一端（即测杆）接触到要检测的电路，如果电路没有断路点，验电笔上的信号灯就会亮，如果灯不亮，证明电路不连接，有可能断路。依次改变测试点，就可以找出断电点的位置。汽车电路维修中常用的验电笔如图2-3所示。

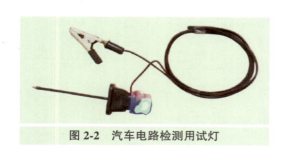

图2-2　汽车电路检测用试灯

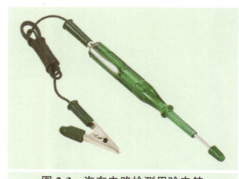

图2-3　汽车电路检测用验电笔

四、点火正时枪

点火正时枪(图2-4)是一种用于检测与调整点火正时的窥视灯。其一般有3根接线(两细一粗),使用时将两细线接蓄电池的正负极,一粗线接到第一缸火花塞高压线上,通过飞轮壳上窥视孔可以看到转动中曲轴飞轮上的点火正时标记。它可以让转动中的飞轮标记呈现为静止状态,以便观测点火正时提前角度。

五、万用表

万用表是汽车电路故障检修中用得最多的一样检测工具,按结构与测试结果的显示不同有指针式(普通)万用表与数字万用表之分。现在检测用数字万用表(图2-5)的为多,不仅可以用来检测线路的通断、器件的电阻值和电压值,有的还可以检测频率信号、电流信号等。

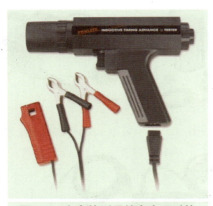

图2-4 汽车检测用的点火正时枪

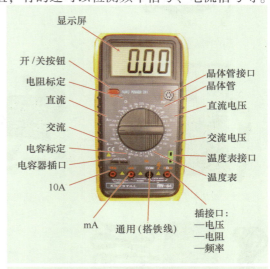

图2-5 汽车电路检测用数字式万用表

六、示波器

很多传感器和执行器常采用电压、频率或其他以数字表示的信号,在发动机实际运转过程中,由于信号变化很快,我们很难从这些不断变化的数字中发现问题所在,所以我们需要利用汽车示波器(图2-6)的相关检测功能对电控发动机系统里的曲轴位置传感器信号、凸轮轴位置传感器信号、氧传感器信号、某些型号的空气流量计信号、喷油器信号、怠速电动机控制信号、点火控制信号等一系列信号,用示波图形的方式直观地提供给我们作参考。当我们拿所测信号波形与标准信号波形相比较时,如发现有异常之处则表示该信号的控制电路或电子元件本身出现了问题,需要进一步详细检查。利用示波器来检查电子信号也对

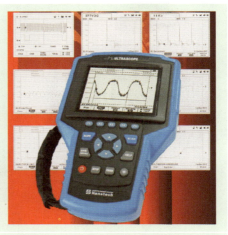

图2-6 汽车电路故障检测用示波器

维修者提出了较高的汽车维修理论知识要求,需要维修者能较熟悉被测传感器或执行器的工作、控制原理,并对示波器具有一定的操作技巧,能正确地观察波形(波峰、波幅等),否则很难利用好这个工具。

七、故障诊断仪

汽车故障诊断仪俗称解码器,是利用配套连接线和汽车电脑数据输出 DLC(检测插头)

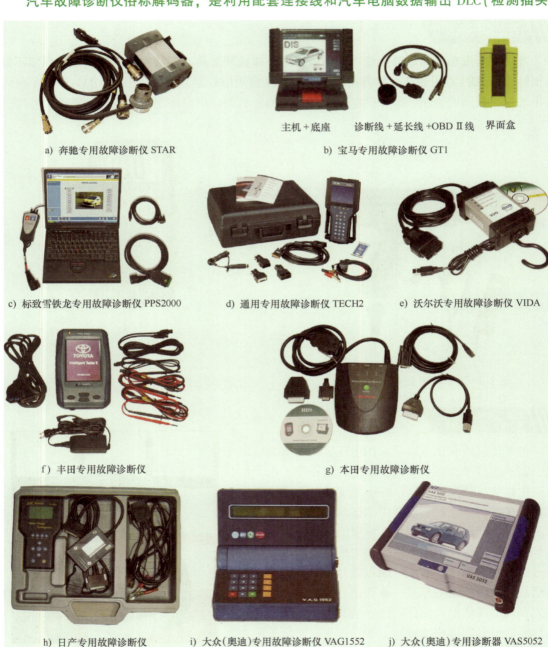

图 2-7 原厂故障诊断仪

相连，从而达到与各种电控系统控制单元 ECU 进行数据交流的专用仪器。

汽车故障诊断仪最基本的功能是读取和清除电控系统故障码，具有综合功能的诊断仪的功能远不止这些，一般还具有系统传感器与执行器的静态及动态数据流分析功能、部分执行器的作动测试功能；有的还带有示波器显示功能、万用表功能和打印功能；有的带有控制系统电路图、技术检测参数和维修指引以供参考；有的可以通过专用数据线直接和电脑相连进行资料的更新与升级；有些功能强大的原厂诊断仪还能对车上系统电控单元 ECU 进行某些数据资料的重新写入和更改等。

故障诊断仪通常分为原厂和非原厂两种。所谓原厂汽车故障诊断仪是指由汽车制造厂家提供或指定的故障诊断仪，如奔驰汽车的 STAR、宝马汽车的 GT1、大众（奥迪）汽车的 VAG1552 和 VAS5052、标致雪铁龙的 PPS2000、沃尔沃的 VIDA 等，如图 2-7 所示。通常每个汽车制造厂家都有针对自己所生产的各种车系的原厂故障诊断仪，以便能为自己生产的汽车提供更好的售后检测服务。

非原厂汽车故障诊断仪则指不是由汽车制造厂家提供或指定，而是由汽车专业维修检测仪器设备厂商生产的汽车故障诊断仪，如国外公司德国博世的 KTS570、美国的红盒子 MT2500、瑞典的 AUTODGAGNOS，国内公司的电眼睛、修车王、车博士、车灵通等，如图 2-8 所示。

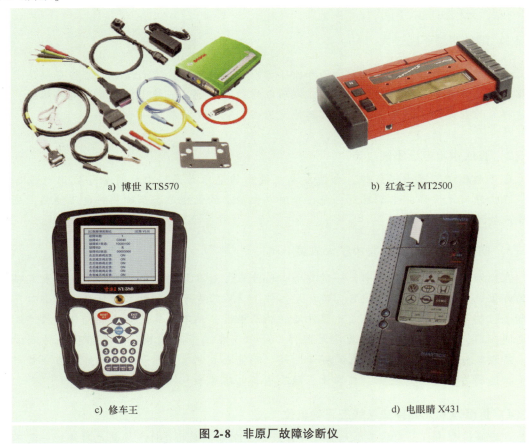

a) 博世 KTS570　　　　　　　　　　b) 红盒子 MT2500

c) 修车王　　　　　　　　　　d) 电眼睛 X431

图 2-8　非原厂故障诊断仪

原厂故障诊断仪一般只能诊断本汽车公司生产的车系，不能检测其他汽车公司生产的汽车，就像 INTELLIGENT TESTER 只能检测丰田汽车公司生产的包括雷克萨斯系列、佳美、皇冠、亚洲龙、丰田大霸王、花冠等一系列丰田车系，却不可以用来诊断宝马、奔驰、福特、日产等车系。和原厂故障诊断仪相比，非原厂故障诊断仪一般可以检测多种不同汽车制造厂家所生产的汽车，如 KTS570 就可以诊断欧洲的奔驰、宝马、大众（奥迪）、保时捷、欧宝等多家不同品牌的车系。

项目二　汽车电路维修注意事项

一、一般电路故障诊断与检修注意事项

维修汽车电气系统的原则之一是不要随意更换电线或电器，否则有可能损坏汽车或因短路、过载而引起火灾，同时还应注意以下各项：

在拆卸蓄电池时，总是最先拆下负极(−)电缆；装上蓄电池时，总是最后连接负极(−)电缆。拆下或装上蓄电池电缆时，应确保点火开关或其他开关都已断开，否则会导致电子元器件的损坏。

在检修过程中，应避免由于工作不细心或修理技术不佳等原因使汽车的故障扩大，要做到这一点，必须注意以下问题。

◀ (1) 熔丝容量不能过大

发现熔丝熔断后，在未找到原因和排除故障之前，不应换上新熔丝。经检查确认没有短路现象，方可换上新的熔丝试一下。在熔断熔丝后，绝不能换上铜丝或大电流熔丝，因为这样做熔丝是烧不断了，但会烧坏其他元器件，从而使故障进一步扩大。

◀ (2) 直流供电电压不能过高

电子电压调节器出现故障，会使发电机输出的电压升高，由此将会导致用电设备损坏。在检修有元件烧坏车型时，应先检查发电机输出的电压是否正确。若电压偏高，应先排除此故障。

◀ (3) 防止在测量电压过程中扩大故障

在检修或测量电压过程中，一定要小心地使表笔对准所要测量的点，不要使表笔碰到别的部位造成相邻导线间的短路，烧坏元器件。在检修电子控制电路时更应加倍小心，因为电子控制单元中的集成电路或元器件间的距离很近，稍不注意就会造成相邻元器件或端子之间短路，烧坏集成电路或其他元器件。所以，在测量时表笔一定要拿稳，对准被测点，待表笔放稳后再去读万用表的测量结果。测量集成电路某端子电压最好改为测量与该端子相连的另一焊点的电压，应尽量不触及集成电路端子。

◀ (4) 拆焊过的元器件或连线应正确复位

在检修过程中，如需将某个元器件焊开或拆开测量，测后复位或换新元器件时一定不要装错，特别是有极性的元器件，否则会自己给自己设置障碍，而且这种障碍很不容易发现。

◀ **(5) 不要带电拆装元器件**

拆装元器件时，要先关掉或断开电源。对于电子控制电路中的某些集成电路，特别是集成电路有插座时，不要在带电状态下拆装集成电路，装配时要认清位置，严防装反。

◀ **(6) 拆卸组件应注意的问题**

检修时，若遇到某些组件有故障需拆卸修理时，应记下所拆件的位置和拆卸顺序，以保证还原时能恢复其原有的装配精度。

◀ **(7) 检修空调制冷系统应注意的问题**

1) 为防止空调制冷系统检修时电路短路，应在检修前拆下蓄电池搭铁线。

2) 在修理配线时，应尽量不要改变原线束的位置，如需要更换或焊接配线时，应尽量选用原色、原直径导线，焊接点要用胶带包扎。如更换的配线需要穿过面板或金属构件时，应加装橡胶圈以保护配线。

二、维修电子控制系统应注意的问题

汽车电子控制系统对高温、高湿度、高电压是十分敏感的。因此，维修汽车电子控制系统时要注意以下问题。

1) 严禁在发动机高速运转时将蓄电池从电路中断开，以防产生瞬变过电压损坏电脑和传感器。

2) 当发动机出现故障，"检查发动机"警告灯(CHECK ENGINE)点亮时，不能将蓄电池从电路中断开，以防止电脑中储存的故障码及有关资料信息被清除。只有通过自诊断系统将故障码及有关信息资料调出并诊断出故障原因后，方可将蓄电池从电路中断开。

3) 当诊断出故障原因，对电控系统进行检修时，应先将点火开关关掉并将蓄电池搭铁线拆下，如果只检查电控系统，则只需关闭点火开关即可。

4) 跨接起动其他车辆或用其他车辆跨接本车时，须先断开点火开关，才能拆装跨接线。

5) 在车身上进行电弧焊时，应先断开电脑电源。在靠近电脑或传感器的地方进行车身修理作业时更应特别注意。

6) 除在测试过程中特殊指明外，不能用指针式万用表测试汽车电脑和传感器，应使用高阻抗数字式万用表进行测试。

7) 不要用试灯去测试任何和电脑相连接的电气装置。

8) 电控汽油喷射装置对汽油的清洁度要求很高，装有氧传感器闭环控制系统的汽车必须使用无铅汽油，以防氧传感器失效。

9) 带有安全气囊系统的汽车，对安全气囊进行检修时，如果操作不当，将会使气囊意外展开。因此必须严格按操作程序进行。

10) 尽量不要打开电脑盖，因为电脑即便坏了，修理难度也较大。若进行修理，装回电脑盖时应注意其密封性能应良好。

11）雨天检修及清洗发动机时，应防止将水溅到电子设备及线路上。

12）在拆出导线插接器时，要注意松开锁紧弹簧或按下锁扣。在装插插接器时，应插到底并锁紧。配线和插接器的故障主要是断路和线路搭铁。断路故障主要由导线折断、插接器接触不良以及插接器端子脱出等原因造成。一般导线在中间折断很少见，大多是在连接处断开，因此应重点检查传感器和插接器处的导线。

三、检修结束后应注意的事项

◀ **（1）检修后切忌遗漏整理**

在实际检修过程中，有时为了查找故障，需将某些元器件焊掉（拆掉）或将有关接线焊掉（拆掉），检修后必须及时恢复，而且不得接错，以免产生新的故障。恢复拆过的汽车电器时，应按原布线接好（固定好），对于一些靠近热源或有散热要求的元器件（如电子控制组件等）应放回原处，按原结构形式装配。线扎的位置尽量不要挪动，尤其是靠近热源处线束的固定及走线位置更应注意恢复原样，螺钉、螺栓等紧固件应锁紧。

◀ **（2）整车修复后还应试其性能**

对于检修过的汽车，还应注意重新进行试验。在静止状态试验合格后，最好再进行一次路试，以进一步确认故障是否确实被排除。

◀ **（3）学会总结经验**

每检修好一辆汽车应反思一次，把自己的修理结果与原来的分析推测进行比较，即使原分析推测是正确的，也要总结一下分析过程，以巩固正确的思维方法。如果原分析推测是错误的，就应找出错误原因。

总结的经验最好用本子记下来，这样既可以在记的过程中理清思路、得到提高，而且日后碰到类似故障时也可以参考和借鉴。

◀ **（4）向用户介绍正确使用汽车的方法**

对于由于用户使用不当造成的汽车故障，维修人员在修好后还应向用户介绍一些正确使用汽车的方法和技巧，以防同类故障再次发生。

项目三　汽车电路维修流程与方法

一、汽车电路故障检修流程

掌握正确的检修程序会使检修工作少走弯路。首先要向用户调查，还要亲自观察故障现象，然后根据故障现象判断故障的大致部位，并对该部位用仪器等进行测量和观察，最后找出故障点，排除故障。下面详述检修中的各个步骤。

(一) 询问用户

在检修汽车电路故障之前，不要忙于通电，应先向用户询问了解汽车的使用情况、故障现象以及故障产生和发展的过程，并将用户提供的情况做好记录，认真分析研究，这对于初学者来说是非常有必要的，由此可以减少对故障的误判和错判。询问的内容应包括以下各项。

（1）汽车已经使用的年限

了解汽车使用的年限可以帮助大致估计出故障的性质。例如，对于较新的汽车，比较多的情况是个别零件安装或焊接不好，插接件松动造成接触不良；个别元器件可靠性太差；用户不会使用汽车的某些功能或开关而造成的"假故障"。对于使用多年的旧车来说，则应该较多地考虑损耗性故障，如：集成电路老化、特性变坏；晶体管特性下降、电容器漏电、介质损耗、电容容量变值或击穿；点火线圈内部霉断、开关触点氧化或烧蚀造成接触不良等。

（2）产生故障的过程

应了解故障是突然发生的还是逐步恶化的，是静止性的故障还是时有时无的故障。详细了解以上这些情况可以使维修人员进一步判断故障的性质，采用较为合理和安全的修理方法。

（3）是否请人修理过

应该了解该汽车发生故障以后，用户是否请人修理过。如请人修理过，则应了解修过哪几个部位，修理过程如何，是否调节过车内的某些可调部位，是否更换过元器件或零部件等，这可以帮助修理人员较快地排除一些由于修理技术不成熟而造成的人为故障。

（二）实车检查

经询问用户初步了解到故障现象以后，就应仔细检查故障现象，尽可能多地了解故障汽车有哪些功能丧失，哪些功能仍正常。这将有助于判断故障的大概部位，尽快地缩小故障范围。通常应做以下检查。

1) 整车不工作时，喇叭是否响？
2) 起动不了时，起动机运转是否正常？
3) 起动机运转不正常时，前照灯亮度是否正常？
4) 喇叭不响或响声异常时，前照灯亮度是否正常？
5) 电喷发动机不能起动时，冷却液温度表指示是否正常？
6) 电喷发动机冷起动困难，踩下加速踏板，在这种加速加浓的情况下能否起动？
7) 空调器不工作时，冷却风扇是否运转？
8) ABS 不起作用时，ABS 指示灯能否点亮？

对于观察到的损坏元器件或零部件，应先对其进行修理或更换，往往就会使问题得以解决。这种情况尤其适用于因车辆碰撞等引起的电路故障的修理。

（三）联系各部分故障现象进行分析判断

为便于分析判断故障所在部位，现将几个主要部分出现故障时的现象介绍如下。

◀ (1) 电源部分

电源(蓄电池)部分发生故障将使汽车不能工作或工作失常。无蓄电池电压的主要故障现象是起动不了、喇叭不响、前照灯不亮、各种指示灯也不亮。蓄电池电压低于正常值时的故障现象是起动机运转无力、灯光变暗、喇叭声音失真等。发电机造成的电路不良，会使电压升高而损坏用电设备及灯泡，如不能充电则会使蓄电池经常亏电。

◀ (2) 起动部分

起动部分担负着产生发动机起动时所需转矩的任务。因此起动部分发生故障时，喇叭和灯光系统正常但起动不了，发动机不能运转，起动机不转、起动机运转无力也会导致此类故障。

◀ (3) 点火部分

因点火部分发生故障而使发动机不能正常工作的主要现象为：发动机不能发动或突然熄火；发动机虽然能发动，但工作不均匀，个别缸不工作；发动机起动时反转，加速时发生爆燃或动力不足、加速不良且温度过高；发动机虽然能起动，但有其他不正常现象等。

◀ (4) 发动机电控系统部分

因发动机电控系统故障而使发动机不能正常工作的主要现象为：发动机不能起动；发动机冷态起动困难；发动机热态起动困难；发动机怠速状态不良；发动机高速性能不良；发动机加速性能不良；发动机怠速状态时间一长就导致熄火，并且不能再起动；上长坡时，发动机状态不良，加速无力导致熄火，但停一会儿又能起动；行驶中踩下加速踏板不能加速，反而导致突然熄火。

◀ (5) 辅助电器部分

辅助电器大多自成系统，损坏时故障现象仅与该系统中的线路、零件有关系，比较好判断。

必须注意的是在一些采用自动变速器以及防盗控制、遥控起动等辅助控制装置的车辆上，起动电路还受空档起动开关、防盗控制器等状态的控制。电控汽车故障诊断流程如图2-9所示。

模块二 汽车电路故障维修基础

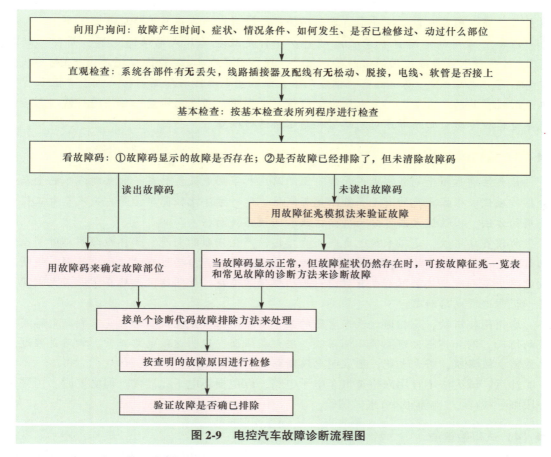

图 2-9 电控汽车故障诊断流程图

二、汽车电路故障检修方法

◀ (1) 直观检查法

直观检查法是直接观看检查的方法的简称，它不使用任何仪器、仪表，凭检修者的直观感觉来检查和排除故障。当汽车电系的某个部位发生故障时，会出现冒烟、火花、异响、焦臭、高温等异常现象，通过人体的感觉器官，听、摸、闻、看，对汽车电气进行外观检查，进而判断出故障的所在部位。这对于有一定经验的维修人员来说，不仅可以通过直观检查来发现一些明显的故障，而且还可以发现一些较为复杂的故障，从而大大地提高了检修速度。

例如，汽车在行驶中，突然发现转向灯与转向指示灯均不亮的故障，用手一摸发现闪光继电器发烫，说明闪光器电路已经烧毁短路。

◀ (2) 检查熔丝法

当汽车电系出现故障时，首先应查看熔丝是否完好，有时故障就是简单的熔丝熔断或处于保护状态。此时，通过检查熔丝，即能判断故障部位。如汽车在行驶中，若某个电器突然停止工作，同时该支路上的熔断器熔断，说明该支路有搭铁故障存在。某个系统的熔丝反复熔断，则表明该系统一定有类似搭铁的故障存在，不应只更换熔断器了事。

汽车上常用的电路保护装置有两种：一种是双金属片式电路断电器，简称"断路器"；另一种则是普遍应用的熔断器。但是，现在很多汽车（不论进口还是国产）电路线束中都装有"易熔线"。易熔线有一根或几根，装在主电源线与熔断器盒之间，并且位于蓄电池附近，其功用主要是对主电源线进行保护。因而，在采用检查熔丝法进行诊断与检修汽车电路故障时，必须考虑对断路器和易熔线进行检查。

◂（3）搭铁试火法

试火法通常用于判断线束或导线有无断路。拆下用电设备的某一线头对汽车的金属部分搭铁碰试，根据火花的有无，判断是否断路。这种方法比较简单，是广大汽车电工经常使用的方法，搭铁试火法可分为直接搭铁和间接搭铁两种。

所谓直接搭铁，是指未经过负载而直接搭铁产生强烈的火花。如怀疑照明总开关至制动灯开关一段电路有故障，可拆下制动灯开关上的线头直接搭铁碰试，如火花弱，说明这段电路中某一线头接触不好或有脏污；如出现强烈火花，说明这段电路正常；若无火花出现，说明这段电路断路。

所谓间接搭铁，是指通过汽车电器的某一负载而搭铁产生微弱的火花来判断电路或负载的情况。例如将点火线圈低压侧搭铁，若火花微弱，说明这段电路正常，回路是经过点火线圈初级搭铁；若无火花，则表明电路断路。

注意：试火法不宜用来检查汽车电子电路，以免损坏电子元器件。但必要时，可采用一段细导线（通过电流很小）来做试验。

◂（4）试灯检查法

用一个汽车灯泡作为临时试灯，检查线束是否断路或短路、电器或电路有无故障等。此方法特别适合于检查不允许直接短路的带有电子元器件的电器。

例如，如果燃油系统不喷油，就可以简单地以试灯法来缩小故障范围。取下喷油器插头，在线束一侧的插头上相应于喷油器线圈的两个端子上接上试灯，打开点火开关，转动发动机。如果试灯随发动机的转动一闪一闪发亮，就表明故障不在控制器及其线束一侧，而集中在喷油器和油路；反之，则认为喷油器得不到喷油指令（电脉冲），故障在控制器及其线束一侧。

使用临时试灯法应注意试灯的功率不要太大，在测试电子控制器的控制（输出）端子是否有输出及是否有足够的输出时尤其要慎重，以防止使控制器超载损坏，如上述用小试灯替代喷油器以测试其控制信号的例子。

◂（5）短路检查法

短路法又叫短接法，即用一根导线将某段导线或某一电器短接后观察用电设备的变化。

例如，当打开转向信号灯时，发现左、右两边的转向信号灯出现闪烁微光，这时就可用导线将某一边的转向信号灯灯壳人为地进行搭铁，若这时只有另一只转向信号灯亮，证明此处搭铁不良；若仍然是两边的灯均亮，则认为此处搭铁良好。可对另一侧转向灯进行同样检查。

◀ (6) 元件替换法

替换法常用于故障原因比较复杂的情况，能对可能产生的故障原因逐一进行排除。其具体做法是用一个已知是完好无损、功能正常的零部件来替换被认为或怀疑有故障的零部件，这样做可以判断怀疑是否正确。若替换后故障消除，说明怀疑成立；否则，装回原件，进行新的替换，直至找到真正的故障部位。

◀ (7) 整车比较法

整车比较法是通过比较故障车与同类型正常车来判断故障的一种方法。

对于一些难以判断的故障现象，可使用比较法检查。具体方法是将故障车工作时的现象、响声和操作中出现的情况与正常车进行比较，就能很容易地发现故障车的差异或缺陷，从而确定故障现象。

对于一些较难确定故障部位的汽车，也可以将估计有故障的部件取下与正常车对换。若正常车依旧能正常工作，说明判断错误；若正常车不能正常工作，则证明判断正确。当然，也可以把能正常工作的车上的部件对换或连接到被检修的汽车上，若后者开始正常工作，由此就可证明故障出自被更换(或替换下的)下来的部件中。

整车比较法在检修新型汽车时经常采用，可克服无资料、无图纸的困难，还可用于对一些杂牌不常见汽车电子电气的修理。

◀ (8) 模拟检查法

在故障诊断中往往遇到所谓隐性故障，即有故障但没有明显的故障征兆。遇此情况必须进行全面的故障分析，然后模拟与用户车辆出现故障的相同或相似的条件和环境进行试验，以便找出故障之所在。在故障征兆的模拟试验中，不仅要对故障征兆进行验证，而且还应找出故障发生的部位或零部件。因此，在试验前必须把可能发生故障的电路范围尽可能缩小，然后再进行故障征兆的模拟。

故障征兆的模拟检查方法主要有以下几种。

1) 振动法。当振动可能是引起故障的原因时，即可采用振动法进行试验。

① 插接器。在垂直和水平方向轻轻摆动插接器。

② 配线。在垂直和水平方向轻轻摆动配线，插接器的插头、支架和穿过开口的插接器体等部位都应仔细检查。

③ 零部件和传感器。用手轻拍装有传感器的零部件，检查是否失灵。但不可用力拍打继电器。

2) 加热法。有些故障只是在热车时出现，这可能是因有关零部件或传感器受热而引起的，可用电吹风或类似加热工具加热可能引起故障的零部件或传感器，检查是否出现故障，但必须注意下列事项。

① 加热温度不得高于60℃，温度限制在不致损坏电子元器件的范围内。

② 不可直接加热汽车电脑中的元器件。

3) 水淋法。当有些故障只是在雨天或高湿度的环境下产生时，可用水喷淋在车体上，检查是否发生故障，但应注意下列事项。

① 不可将水直接喷淋在发动机电控零部件上，而应喷淋在散热器前面，间接改变温度和湿度。

② 不可将水直接喷射到汽车电子元器件上。

4）全开法。当怀疑故障可能是因用电负载过大而引起时，可接通车上全部电气设备，检查是否发生故障。

模块三　汽车发动机电路识读与维修

项目一　发动机起动系统电路识读与维修

一、发动机起动系统电路概述

汽车起动方式分**人力起动**、**电力起动**和**附加发动机起动**三种，最常用的是电力起动。

电力起动电路包括起动控制电路、起动电磁开关电路、起动机电路。以大众桑塔纳汽车为例，其系统接线如图3-1所示，电路分析如下。

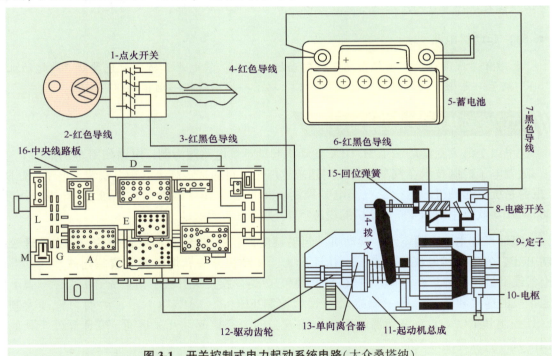

图3-1　开关控制式电力起动系统电路（大众桑塔纳）

◀（1）起动系统控制电路

起动系统控制方式有开关直接控制、继电器控制、复合继电器控制和电脑控制四种。桑塔纳汽车起动电路为开关直接控制起动电路。起动时，控制电路为蓄电池正极→红色导线4→中央线路板插座→中央线路板内部电路→中央线路板插座P→红色导线2→点火开关"30"端子→点火开关起动档→点火开关"50"端子→红黑色导线3→中央线路板B8端子→中央线路板内部电路→中央线路板C18端子→红黑色导线6→起动机"50"端子。

◀ (2) 起动电磁开关电路

　　吸引绕组电路为蓄电池正极→红色导线4→中央线路板插座P→中央线路板内部电路→中央线路板插座P→红色导线2→点火开关"30"端子→点火开关起动档→点火开关"50"端子→红黑色导线3→中央线路板B8端子→中央线路板内部电路→中央线路板C18端子→红黑色导线6→起动机"50"端子→吸引绕组→起动机"C"端子→励磁绕组→绝缘电刷→电枢绕组→搭铁电刷→搭铁。

　　保持绕组电路为蓄电池正极→红色导线4→中央线路板插座P→中央线路板内部电路→中央线路板插座P→红色导线2→点火开关"30"端子→点火开关起动档→点火开关"50"端子→红黑色导线3→中央线路板B8端子→中央线路板内部电路→中央线路板C18端子→红黑色导线6→起动机"50"端子→保持绕组→搭铁。

　　起动后，点火开关起动档断开，电路为蓄电池正极→黑色导线7→起动机"30"端子→电磁开关接触盘→吸引绕组→保持绕组→搭铁。两线圈磁场方向相反，相互削弱，活动铁心在复位弹簧作用下迅速回位，接触盘断开，电动机断电，起动结束。

◀ (3) 起动机电路

　　电磁开关线圈通电，接触盘闭合时起动机电路为：蓄电池正极→黑色导线7→起动机"30"端子→电磁开关接触盘→起动机"C"端子→励磁绕组→电枢绕组→搭铁。

二、发动机起动系统电路识读

　　这里以上海大众桑塔纳1.5L DLX发动机起动系统电路图为例，电路如图3-2所示。

　　随着电子控制技术在汽车上的应用越来越广泛，目前很多高级汽车上安装了电子控制防盗报警系统。起动机的运行受汽车电脑控制。2009款丰田皇冠的起动系统电路（也适用于2005~2010款装用3GR-FE发动机的锐志汽车）如图3-3所示。

　　起动系统主要由**蓄电池、起动机、起动继电器、驻车档/空档位置开关、动力管理控制ECU、发动机控制模块（ECM）、认证ECU、发动机开关**和**熔断器装置**等组成。起动继电器线圈的一端通过驻车档/空档位置开关和ST熔丝接点火开关，由点火开关控制与蓄电池正极的连接和断开；另一端接动力管理控制ECU的"STA"端子，由动力管理控制ECU控制其搭铁。自动变速器处于P位或N位时，空档起动开关接通，变速器处于其他档位时，空档起动开关断开。

　　1）当点火开关钥匙没有插入或没有处于工作位置时，防盗系统工作，动力管理控制ECU使"STA"端子为高电位12V，即使点火开关置于起动位置，并且空档起动开关接通，也因起动继电器线圈端电位相等，起动继电器触点不能闭合，使起动机不工作。

　　2）当点火开关钥匙插入并处于工作位置时，全部防盗功能解除，动力管理控制ECU使"STA"端子为低电位。如果点火开关置于起动位置、变速器处于空档位置，则起动继电器线圈电路接通，使起动继电器触点闭合，起动机工作。

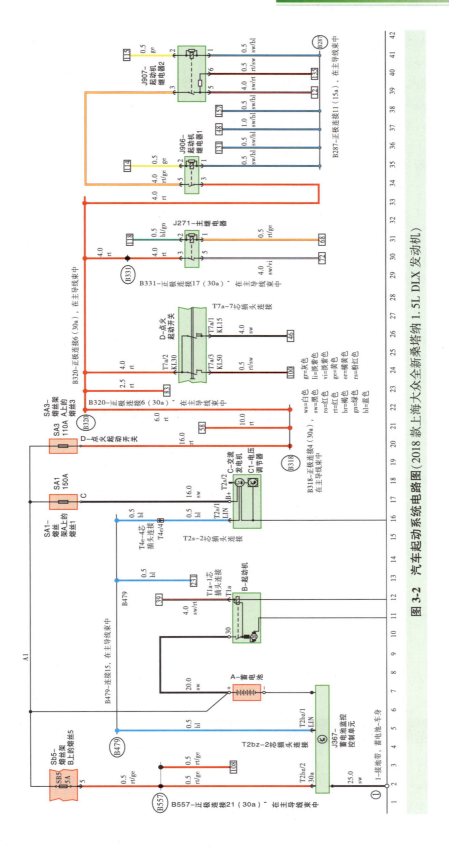

图3-2 汽车起动系统电路图(2018款上海大众全新桑塔纳1.5L DLX发动机)

3）发动机起动后，点火开关从起动位置退回，起动继电器线圈电路切断，触点断开，起动机停止工作。

4）空档起动开关保证了只有自动变速器在空档位置才能起动发动机。这既有利于汽车安全顺利起动，又能保证在汽车行驶过程中，即使误将点火开关旋至起动位置，起动机也不会工作，避免了齿轮撞击，延长了起动机驱动齿轮和飞轮齿圈的使用寿命。动力管理控制ECU可以根据发电机的工作情况或发动机的转速对"STA"端子的电位进行控制，实现起动机的安全保护。

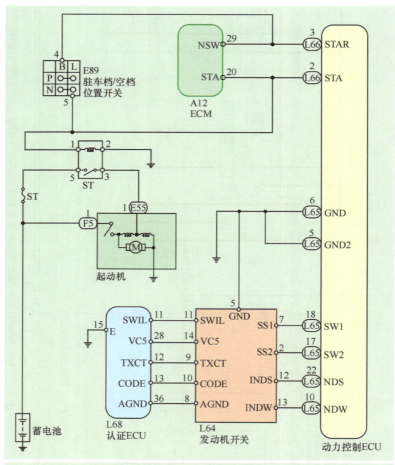

图3-3　2009款一汽丰田皇冠3GR-FE发动机起动系统电路

三、发动机起动系统电路故障维修案例

故障现象：一汽大众迈腾1.8T车辆无法起动，起动机不动作。

检修过程：

1）利用VAS5052A检测，无故障码。

2）检查蓄电池电压为 12.8V，说明蓄电池电压正常，检测起动机上的 50 线电压，发现此处在起动时没有电压。

3）分析起动机的工作电压来源，如图 3-4 所示。

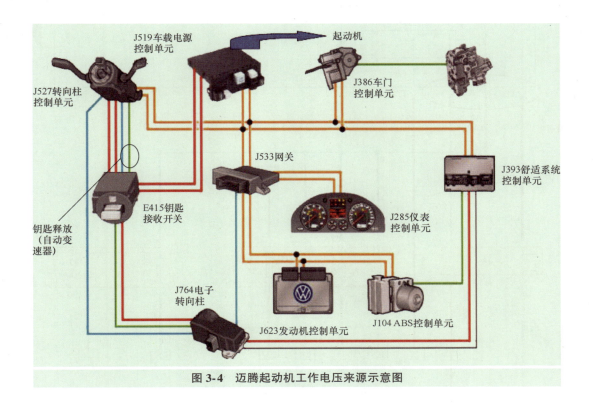

图 3-4　迈腾起动机工作电压来源示意图

故障分析：从上述分析中，我们根据实际维修可操作性进行起动机电路的分析，电路图如图 3-5 所示。

检测起动机励磁开关无电压，进一步检查起动机继电器 J682，发现 J682 的 6/85 处无电压，J682 示意图如图 3-6 所示。

J682 无控制电压，而此处的电压来源是 J519，故从 J519 处检测，发现 T11/11 和 T8t/1 处无电压，如图 3-7 所示。

从上述检测说明 J519 就没有控制起动机动作，于是进一步检测引起 J519 不控制起动机的原因。

观察 J519 的数据流，发现 P/N 开关已接通，说明 P/N 开关没有问题，但观察输入端 50，发现没有电压，而此电源与 E415 有关。此部分电路图如图 3-8 所示。

在检测 E415 时，发现端子 T16f/6、T16f/14 没有 50 正电，而端子 T16f/8 有正电，说明 E415 触点没有闭合。经过分析，起动机不工作的原因应为 E415 故障。

故障排除：更换 E415，故障排除。

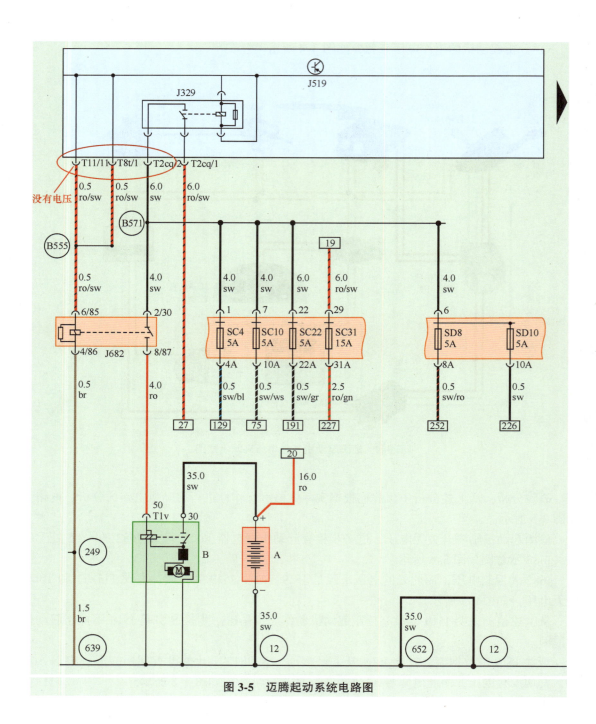

图 3-5　迈腾起动系统电路图

模块三　汽车发动机电路识读与维修

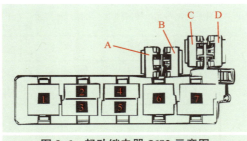

图 3-6　起动继电器 J682 示意图

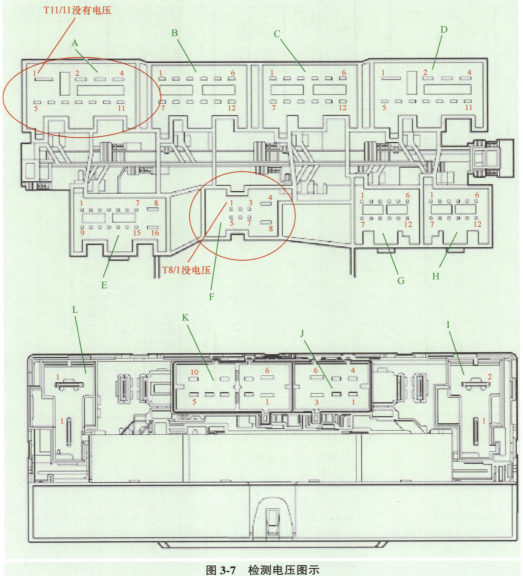

图 3-7　检测电压图示

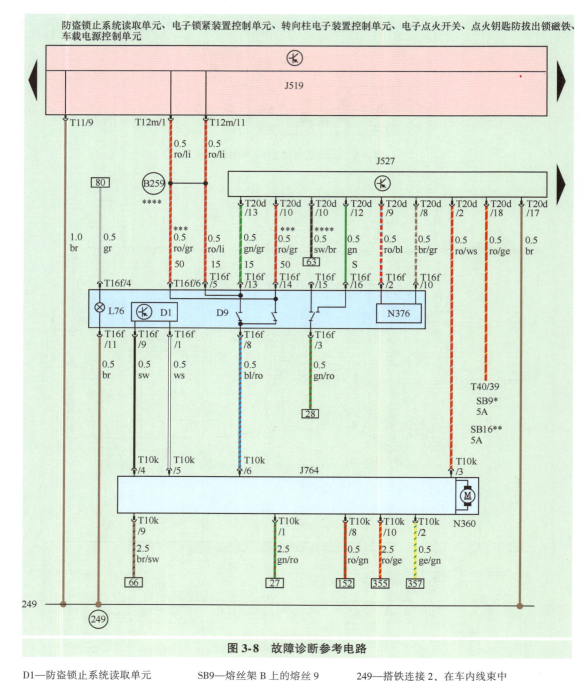

图 3-8 故障诊断参考电路

D1—防盗锁止系统读取单元
D9—电子点火开关
J519—车载电源控制单元
J527—转向柱电子装置控制单元
J764—电子锁紧装置控制单元
L76—按键照明灯泡
N360—转向柱锁止装置执行元件
N376—点火钥匙防拔出锁磁铁

SB9—熔丝架 B 上的熔丝 9
SB16—熔丝架 B 上的熔丝 16
T10k—10 芯插头连接
T11—11 芯黑色插头连接
T12m—12 芯黑色插头连接
T16f—16 芯插头连接
T20d—20 芯插头连接
T40—40 芯插头连接

249—搭铁连接 2，在车内线束中
B259—连接（起动-停止信号），在车内线束中
*—熔丝，在电控箱 Low 中
**—熔丝，在电控箱 High 中
***—仅限于不带起动-停止装置的汽车
****—仅限于带起动-停止装置的汽车
----—仅限于带 Tiptronic 的汽车

项目二　发动机冷却系统电路识读与维修

图 3-9 所示为上海通用别克新凯越汽车冷却系统电路，冷却风扇控制电路由 EF6 号 20A 和 EF8 号 30A 这两个熔丝分别向发动机冷却风扇供电。其控制电路分析如下。

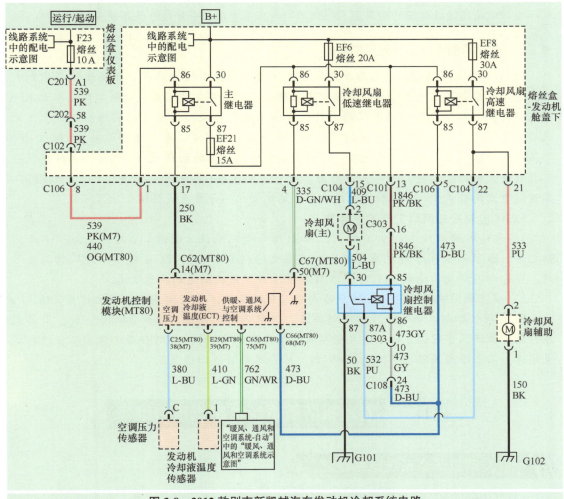

图 3-9　2012 款别克新凯越汽车发动机冷却系统电路

发动机冷却风扇电路操纵主冷却风扇和辅助冷却风扇。冷却风扇由 ECM 根据发动机冷却液温度（ECT）传感器和空调压力（ACP）传感器的输入信号控制。通过将 ECM 插接器端子 68 内部搭铁，ECM 控制冷却风扇低速运转，这使低速冷却风扇继电器通电，由于主冷却风扇和辅助冷却风扇为串联，两个风扇均低速运转。通过将 ECM 插接器端子 68 和端子 50 同时搭铁，ECM 控制冷却风扇高速运转。此时，风扇处于并联，ECM 通过使冷却风扇低速继电器、冷却风扇高速继电器和串联/并联冷却风扇继电器通电，实现风扇高速运转。

◀（1）冷却风扇低速工作时电路分析
　　ECM 通过控制主继电器的电磁线圈通电来控制冷却风扇低速继电器的通电，由此控制主冷却风扇的供电及工作状态。其电流回路为：运行/起动通电（与电源直接连接）→熔丝F23（10A）→主继电器端子86→动力控制模块（PCM）端子14控制电路搭铁。于是，冷却风扇低速继电器的线圈中有电流通过，控制继电器动合触点，向主冷却风扇电动机供电。此时由于左侧的冷却风扇电动机与右侧的冷却风扇电动机串联，所以风扇低速运转。电流通路为：所有时间通电（与电源直接连接）→熔丝EF6→冷却风扇低速继电器→主冷却风扇电动机→冷却风扇高速继电器的动断触点→辅助冷却风扇电动机→导线系统搭铁分配器搭铁。

◀ **（2）冷却风扇高速工作时电路分析**

ECM经低速风扇控制电路对冷却风扇低速继电器提供搭铁路径，经高速风扇控制电路为冷却风扇高速继电器和冷却风扇继电器提供搭铁路径。主风扇电动机继续由熔丝EF6提供电流，但熔丝EF8为辅助风扇电动机提供电流，各风扇通过不同的路径搭铁，因此风扇高速运行。主风扇电动机电流通路为：所有时间通电（与电源直接连接）→熔丝EF6→低速继电器→主冷却风扇电动机→冷却风扇控制继电器的触点30与87端→系统搭铁分配器搭铁。辅助风扇电动机电流通路为：所有时间通电（与电源直接连接）→熔丝EF8→高速继电器的触点30与87端→辅助冷却风扇电动机→导线系统搭铁分配器搭铁。

ECM控制冷却风扇工作的条件为：

1）当冷却液温度达到97℃时，ECM起动冷却风扇低速运转。当冷却液温度下降到94℃时，ECM将关闭冷却风扇。当冷却液温度达到101℃时，ECM起动冷却风扇高速运转。当冷却液温度下降到98℃时，ECM将使冷却风扇从高速切换到低速。

2）当空调系统接通时，ECM使冷却风扇低速运转。当空调高压侧压力达到1882kPa时，ECM将使冷却风扇从低速切换到高速。当空调高压侧压力达到1448kPa时，冷却风扇将返回低速。当空调系统接通且冷却液温度达到117℃时，ECM使冷却风扇从低速切换至高速，而当冷却液温度下降到114℃时，冷却风扇将返回低速。

项目三　发动机防盗系统电路识读与维修

一、发动机防盗系统电路概述

一般汽车都配有发动机防盗锁止系统，除非使用已编程的点火钥匙，否则将禁止使用该

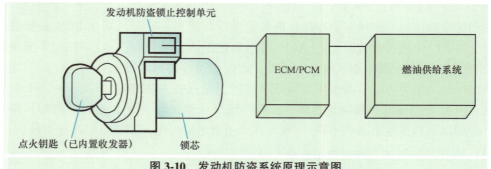

图3-10　发动机防盗系统原理示意图

车辆。

该系统包括一个位于点火钥匙内的收发器、一个发动机防盗锁止控制单元、一个指示器和 ECM/PCM，如图 3-10 所示。

将钥匙插入点火开关中并将其转到 ON 位置时，发动机防盗锁止控制单元向点火钥匙中的收发器发送能量，收发器随后通过发动机防盗锁止控制单元接收器反馈一个编码信号给 ECM/PCM。滚动型代码嵌入到接收器中，而不是嵌入到 ECM/PCM 中。

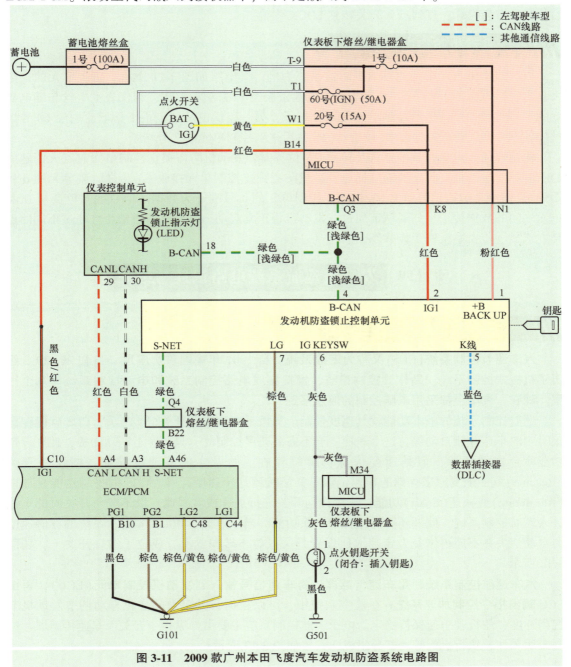

图 3-11　2009 款广州本田飞度汽车发动机防盗系统电路图

更换发动机防盗锁止控制单元时，需要在新控制单元中注册所有钥匙。

控制单元中未注册的钥匙将无法起动发动机。

1）如果使用了已编程钥匙，发动机防盗锁止系统指示灯将点亮约2s，然后熄灭。

2）点火开关转到LOCK位置时，指示灯将闪烁5s，以表明控制单元已正常设置，然后指示灯熄灭。

3）如果使用了错误的钥匙或控制单元没有接收到或未能识别其代码，指示灯将点亮约2s，然后将会闪烁，直到点火开关转到LOCK位置。

二、发动机防盗电路识读

以广州本田飞度车型的发动机防盗系统为例，其电路如图3-11所示。防盗单元的供电来自于直接电源的B+电压，路径为从蓄电池正极经1号熔丝（100A）和仪表下熔丝与继电器盒的1号熔丝（10A）送到控制单元的1号端子，另一路供电从仪表板下熔丝盒内经60号熔丝（50A）再经点火开关，经20号熔丝（15A）后送到控制单元的2号端子。

将钥匙插入点火开关中并将其转到ON位置时，发动机防盗锁止控制单元向点火钥匙中的收发器发送能量。收发器随后通过发动机防盗锁止控制单元接收器（通过防盗单元的6号端子）反馈一个编码信号给ECM/PCM。控制单元的4号端子为数据通信总线，负责与ECM单元之间的数据传送。如经认证通过，发动机将正常起动。发动机防盗锁止灯通过不同的点亮方式显示防盗系统的工作状态。

项目四　发动机巡航系统电路识读与维修

一、发动机巡航系统电路功能概述

汽车巡航控制系统（CCS）又称为定速系统。自1961年美国首次应用CCS以来，CCS经历了机械式控制系统、晶体管控制系统、模拟集成电路控制系统和电脑控制系统等几个过程。现在，汽车上都采用电脑控制的巡航系统。

巡航控制系统的基本功能就是速度控制。当按下车速调置开关（SET）后，CCS就能存储该时刻的车速并能自动保持这个车速。当不需要速度控制时，只要踩下制动踏板，速度设定功能就会立即解除，但是速度信息仍继续存在。如果要恢复速度控制，按恢复开关（Resume）就能恢复原来存储的车速，汽车又能按照这个速度行驶。CCS的另一功能是加速（Accelerate）或减速（Coast）功能，连续按动开关进行加速或者减速，以不按动开关时的车速进入巡航控制系统。此外还有低速自动消除功能，当车速低于40km/h时，系统的存储速度会自动消失并不能再恢复。定速巡航设置开关或位于转向盘上，或位于组合开关上，如图3-12所示。

汽车巡航控制系统利用车速传感器，将车速信号输入到发动机控制单元（ECU），再由ECU输出指令控制加速系统。在这个系统中，可以根据行驶阻力的变化自动调节发动机节气门开度，使行驶车速保持稳定。电子巡航控制系统主要由操纵指令开关、车速传感器、控制模块和加速执行机构等4部分组成，具体如图3-13所示。

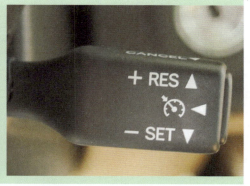

图 3-12　汽车定速巡航设置开关

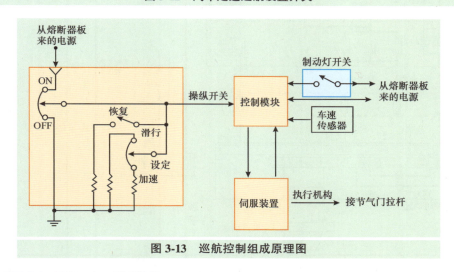

图 3-13　巡航控制组成原理图

二、发动机巡航系统电路图识读

以广州本田第八代雅阁车型的巡航控制系统为例，其电路如图 3-14 所示。全电路由配电单元、巡航控制组合开关、仪表控制单元、PCM、节气门体五个部分组成。

供电方面，PCM 和节气门体由 PGM-FI 主继电器 1 和 ETCS 控制继电器提供电源，巡航控制组合开关与仪表控制单元的电源一路经由仪表板下熔丝盒 6 号熔丝输入，一路由喇叭继电器输入。

当巡航主控制开关按下时，巡航系统启动，用户可进行设定巡航车速、退出、恢复等操作，这些设置信息由仪表控制单元的 CPU 处理后输送到 PCM 控制单元，由 PCM 控制节气门体的执行器电动机，通过锁定节气门不同开度，固定发动机输出转速，进而锁定车速。

1）指令开关(巡航控制组合开关)大多有 3 个档位："调速/定速""断开"和"恢复"。按下开关不动，车速就会连续增加，当放开开关，此时的车速就是巡航控制系统的调置车速。

2）车速传感器与车速里程表驱动装置相连，其输出信号直接反馈至 PCM。

3）PCM 是巡航控制系统的中枢，在这里每种车型最平顺的加速度和减速度都由设计

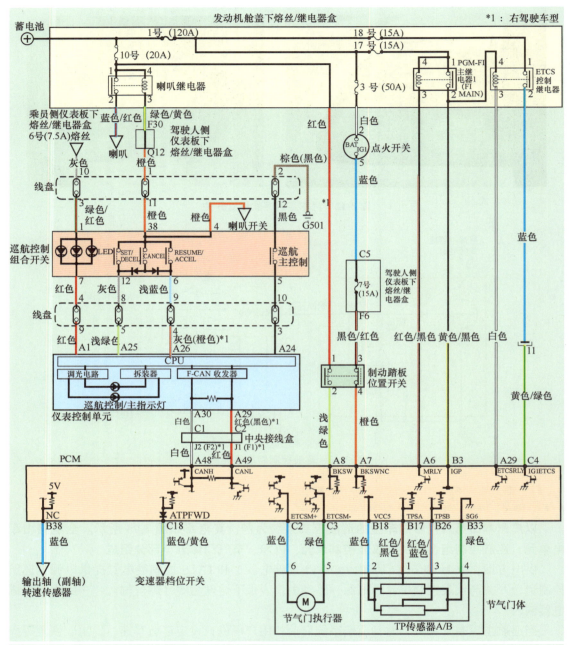

图 3-14 2008 款广州本田雅阁汽车发动机巡航电路图

者编程确定。PCM 根据指令车速、实际车速及其他输入信号，经数据处理之后输出信号驱动步进电动机控制节气门开度。

4）电子节气门执行器一般采用步进电动机控制，步进电动机根据 PCM 的指令调整节气门开度，节气门位置由传感器反馈到 PCM。一旦巡航控制系统开启，节气门就被"锁定"，当汽车阻力增大（上坡）和车速减低时，PCM 控制节气门开度增大，反之减小，使汽车能保持一定速度行驶。

三、电路故障排除案例

故障现象：一汽大众迈腾 1.8T 手动变速器车辆达到巡航设定车速后，打开巡航开关，按压"SET"按钮，定速巡航无法设定。

检修过程：用 VAS5051 进入网关列表检查所有系统，无故障码，根据上述原理图分析巡航系统不能设定可能的故障点为以下各项。

- 巡航未被激活或控制单元故障
- 控制单元编码(J623 或 J527)错误
- 制动或离合器开关故障
- 巡航开关故障
- 节气门体故障
- 加速踏板故障
- 转向柱控制单元 J527 故障
- 电路故障

检查发动机控制单元 J623 编码和 J527 编码，均正常。

检查 J527 数据流，16-08-004 的 2 区和 3 区，操纵巡航开关分别有开关、激活、加速、恢复、减速各个信号，说明 J527 能够收到巡航开关的信号，证明巡航开关及到 J527 的线路无故障。

检查发动机控制单元 J623 的离合器开关信号、制动开关信号、巡航开关信号。01-08-066 的巡航开关打开时，第 4 区是 10000001，第 2 区是 00001000，关闭时 2 和 4 区均为 00000000。第 2 区踩下离合器踏板和制动踏板是 00001111，松开是 00001000。对比正常车辆数据流变化情况，结果相同，判断制动开关、离合器开关、巡航开关均正常。

在 J540 中读取离合器开关数值(53-08-008-01)，与正常车辆对比无异常。

在 J519 中读取离合器开关数值(09-08-15-03)，能够正常显示开/关，与正常车辆对比无异常。

检查节气门和加速踏板数据块变化均正常，清洗并匹配节气门试车，故障依旧。

所有数据均正常，巡航不工作，按经验更换巡航开关试车，无效。经检查，巡航所需要的全部开关信号均正常。各个控制模块之间通过总线传递信号，而在 J623 中可以读取到经过 J527 传递过来的巡航开关信号，说明总线系统无异常。

此时作如下推断：各个控制单元收到开关的正常信号，执行器也可以正常执行信号，很可能是有某一条件不满足导致控制单元禁止车辆进入巡航状态。检查全车熔丝正常，进而清理了所有搭铁线试车还是无效。此时怀疑是某一控制模块干扰，分别更换了 J533、J527、J519 等控制模块试车，故障依旧。

此时维修陷入僵局。重新对系统及可能故障点进行分析，发现主要传感器和执行器到模块的电路没有进行测量，重新对电路进行测量。检查发现离合器开关的 T5j/2 到 J623 的 T94/43 断路，修理该电路后故障解决，电路如图 3-15 所示。

故障分析：离合器开关 G476 信号对于发动机系统、电子驻车制动系统等都很重要，所以 G476 信号分别传送到 J623、J519 和 J540，G476 到发动机控制单元的电路出现断路时，发动机控制单元通过 CAN 总线系统从 J540 和 J519 获得离合器开关的替代信号，因此从数据流中可以看到 G476 的开关信号，但是巡航系统无法设定。

故障排除：修复离合器开关到发动机控制单元的电路后故障排除。

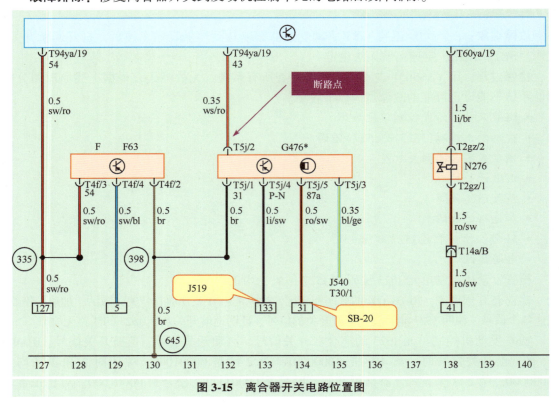

图3-15 离合器开关电路位置图

项目五　发动机电控系统电路识读与维修

一、发动机电控系统概述

汽车发动机电控系统汽油机与柴油机的有所不同，以下分别讲述。

汽油发动机电控系统的核心是ECU。ECU根据发动机各种传感器送来的信号，进行燃油喷射控制（EFI）、点火控制（ESA）、燃油蒸发回收控制（EVAP）、发动机怠速控制（ISC）、废气再循环（EGR）以及空调压缩机控制等，从而保证发动机的动力性、经济性和排放性能在各种工况下都处于最佳的工作状态。系统主要由各种传感器、ECU和各种执行器组成，如图3-16所示。

发动机电控系统根据进气量检测方法的不同分为D型电子控制系统（采用进气歧管绝对压力传感器检测进气量，一般应用于经济型汽车）和L型电子控制系统（采用空气流量计检测进气量，一般应用于中高级汽车），而L型应用较多。

柴油机电控系统可分为两大类：**位置控制系统和时间控制系统**。

第一代柴油机电控系统采用了位置控制系统。它不改变传统喷油系统的工作原理和基本结构，只是采用电控组件代替调速器和供油提前器，对喷油量和喷油正时进行控制，因此很难大幅度提高喷射特性。

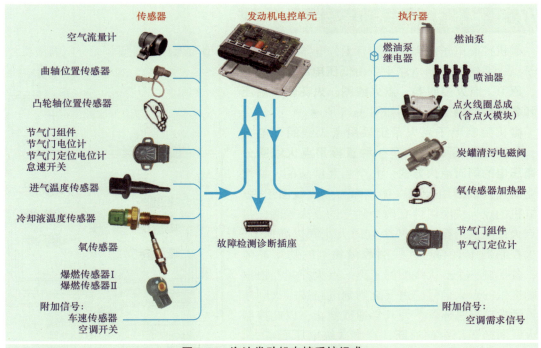

图 3-16 汽油发动机电控系统组成

第二代柴油机电控系统采用了时间控制系统，在高压油路中利用电磁阀直接控制喷油开始时间和结束时间，以改变喷油量和喷油正时。它具有直接控制、响应快的特点。

时间控制系统又有电控喷油泵-喷油器系统和共轨式电控燃油喷射系统两类。共轨式电控燃油喷射系统采用压力时间式燃油计量原理，因此又称为压力-时间控制式电控喷射系统，分为高压共轨和中压共轨两种。高压共轨电控燃油喷射系统又分为不带受控高压泵的共轨系统和带可调节高压泵的共轨系统。目前广泛使用带可调高压泵的共轨系统，其组成如图3-17所示。

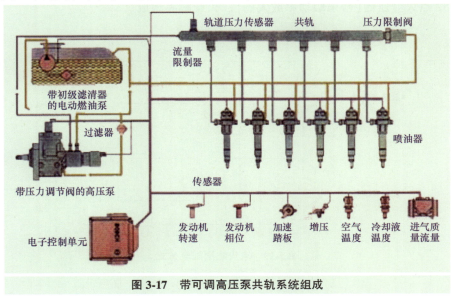

图 3-17 带可调高压泵共轨系统组成

二、微机控制电子点火系统电路识读

微机控制电子点火系统按有无分电器分为有分电器型与无分电器型。无分电器微机控制电子点火系统的控制电路主要由低压电源、点火开关、ECU、点火控制器、点火线圈、火花塞、高压线和各种传感器等组成，如图3-18所示。

微机控制电子点火系统采用点火线圈配电方式，如图3-19所示，这是一种直接用点火线圈分配高压电的同时点火方式。几个相互屏蔽的、结构独立的点火线圈组合成一体，称为点火线圈组件。四缸机的点火线圈组件有两个独立的点火线圈，每个点火线圈供给配对的两个缸的火花塞以高压电。点火控制器中有与点火线圈数量相等的功率晶体管，各控制一个点火线圈的工作。点火控制器根据电脑提供的点火信号，由气缸判别电路按点火顺序轮流激发功率晶体管，使其导通或截止，以此控制点火线圈初级绕组的通断，产生次级电压而点火。点火线圈配电方式点火系统是应用最广泛的一种无分电器微机控制点火系统。

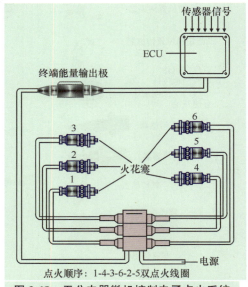

图3-18　无分电器微机控制电子点火系统

发动机采用点火线圈配电方式时，点火线圈实际是由若干个相互屏蔽的、独立的点火线圈组装起来形成的一个点火线圈组件，如图3-20所示。每个独立的点火线圈初级绕组的一端通过点火开关与电源正极相连，另一端由点火控制器的大功率晶体管控制搭铁；次级绕组两端分别接到两个气缸的火花塞上，使两个气缸的火花塞同时跳火。

以最新款一汽大众捷达汽车点火系统为例，其电路如图3-21所示，电路由J361发动机ECU、N152点火变压器(带末级功率放大器)、火花塞等组成。

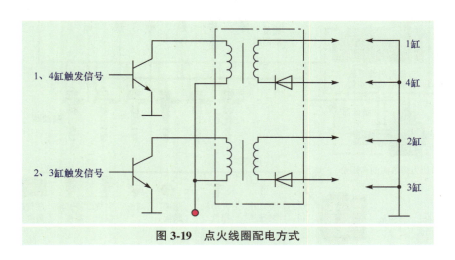

图3-19　点火线圈配电方式

模块三　汽车发动机电路识读与维修

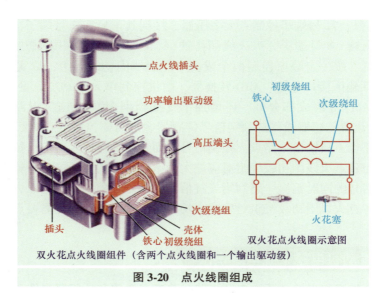

图 3-20　点火线圈组成

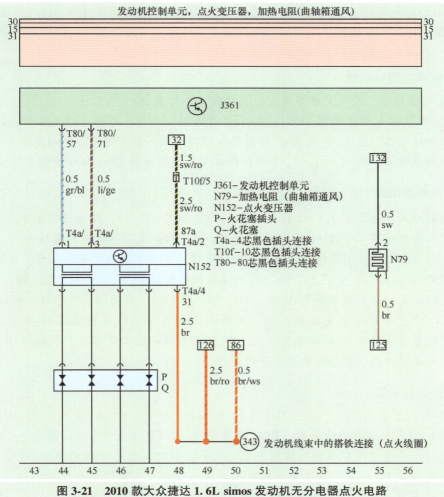

图 3-21　2010 款大众捷达 1.6L simos 发动机无分电器点火电路

ECU通过57号、71号端子控制点火变压器，接到其1号和3号端子，点火变压器的2号端子为电源输入端，4号端子为点火线圈搭铁（接至发动机线束中的搭铁连接）。ECU根据曲轴的不同位置，按一定顺序控制两个或多个点火线圈初级绕组，以实现电子式高压配电。ECU除了包括输入接口电路、A/D转换器、微机控制单元（CPU）、只读存储器（ROM）和随机存储器（RAM）等组成部分外，还增加了气缸判别（简称判缸）电路（又称为分电电路），以根据曲轴位置传感器或气缸判别信号传感器确定需要控制的点火线圈初级绕组。同理，输出接口电路也不只输出一路点火控制信号，而是依次输出多路点火控制信号，分别控制点火控制器中与各点火线圈初级绕组对应的大功率晶体管的通断；或者输出接口电路在输出一路点火控制信号的同时输出一路判别气缸信号，由点火控制器根据点火控制信号和判别气缸信号控制与各点火线圈初级绕组对应的大功率晶体管的通断，使需要点火气缸的火花塞适时跳火。

三、汽油发动机电控系统电路识读

　　汽油发动机电控系统电路主要由**电源电路**、**传感器电路**和**执行器电路**组成。传感器电路由进气压力传感器电路、节气门位置传感器电路、曲轴位置传感器电路、进气温度传感器电路、冷却液温度传感器电路、氧传感器电路和车速传感器电路等组成，执行器电路由喷油器控制电路、燃油泵电路、怠速控制阀电路和点火控制电路等组成。

◀ **(1) 电源与搭铁电路**

　　如图3-22所示，在点火开关进入起动档时，一路电源经ECU2（7.5A）熔丝进入PCM端子2，一路由蓄电池正极经TCU1（15A）进入PCM端子6，另一路经ECU（30A）熔丝到发动机控制继电器，由PCM端子64输出供电控制信号，由此路导通供电到各个需要电源的传感器与执行器。PCM的1、3、5为搭铁端子。图中标注CHG编号的都是搭铁点。

◀ **(2) 传感器电路**

　　凸轮轴位置传感器端子1、2接PCM端子83、62、37、15，传感器端子1为电源输入端；绝对压力传感器端子接PCM端子53、30、31、74，上下游氧传感器接PCM端子93、16、38、94、84、85，上氧传感器端子3和下氧传感器端子4为电源输入端；空调压力传感器接到PCM端子57、43、54；加速踏板位置传感器接PCM端子61、82、60、13、35、36；节气门位置传感器连接到PCM端子80、59、32、63；曲轴位置传感器连接到PCM端子39、17，其中端子1为电源输入端；发动机冷却液温度传感器连接到PCM端子33、14；爆燃传感器连接到PCM端子34、12。PCM还接收一些开关信号，如制动灯开关、组合开关、离合器开关、动力转向开关等的连接。

◀ **(3) 执行器电路**

　　PCM端子25、26、27、28分别连接1、3、4、2号喷油器，PCM端子1、46、16、31分别连接1、2、3、4号点火线圈，PCM端子67连活性炭罐控制电磁阀端子2，其中端子66、68连接1号和2号机油控制阀端子1，PCM端子71、72分别连接ETC（电子节气门）的端子3和6，ETC和节气门位置传感器是共用一个接口，可变进气歧管阀连接PCM端子50，燃油泵继电器连接PCM端子51和70。

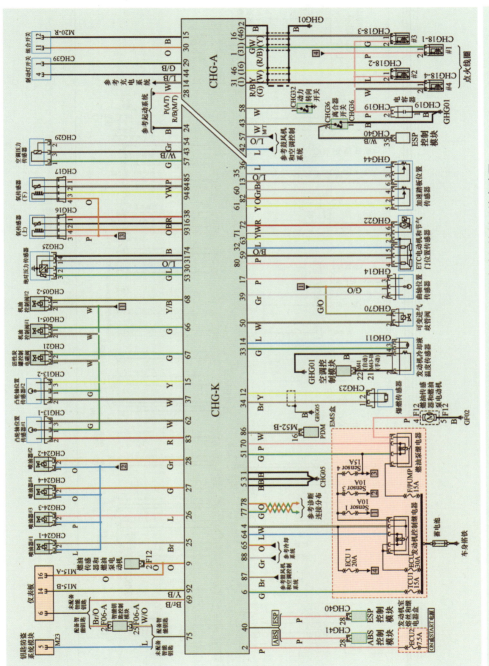

图 3-22 2010 款北京现代 IX35 汽车 2.0/2.4L 发动机控制系统电路图

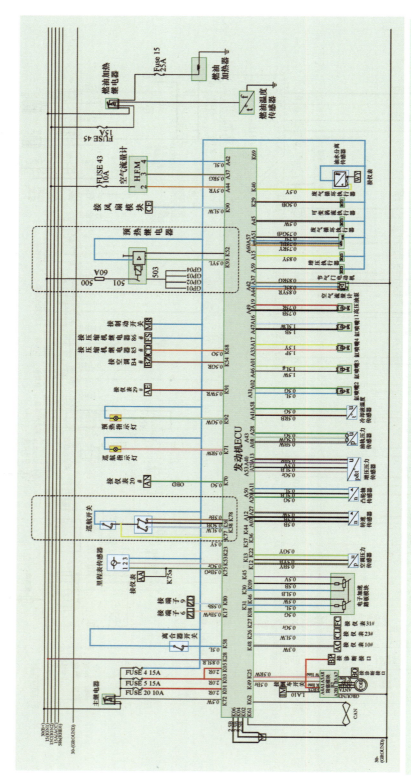

图 3-23 2009 款奇瑞威麟 V5 1.9L 柴油机电控系统电路图

四、柴油发动机电控系统电路识读

以奇瑞威麟V5柴油版汽车所配用的SQR481A柴油电控发动机为例，其电路如图3-23所示。奇瑞1.9LSQR481A柴油发动机采用了最新的高压共轨燃油喷射技术——德国博世公司的柴油高压共轨燃油喷射系统。它主要由ECU(型号为EDC16C39)、曲轴位置传感器、凸轮轴位置传感器、加速踏板传感器、增压压力传感器、油轨压力传感器、冷却液温度传感器、空气流量计和燃油滤清器等部件组成。

ECU通过传感器收集驾驶人的要求(加速踏板的位置)以及发动机和车辆当前的工况，并处理由传感器产生的、通过数据线路接收到的信号。借助所得到的信息，ECU通过闭环和开环控制，特别是对发动机进行干预。

曲轴位置传感器测量发动机的转速，而凸轮轴位置传感器计算喷油顺序(相位)。一个电位计作为加速踏板传感器产生电信号，告知ECU的转矩要求是多少。空气流量计为ECU提供当前空气流量数据，以使燃烧过程能够满足废气排放法规的要求。在带废气涡轮增压器和增压压力控制的发动机中，由增压压力传感器来测量增压压力。根据冷却液温度传感器和大气传感器的数据，在环境温度较低及发动机冷机时，ECU会调整喷油始点，预喷射的额定值及它的参数以适应特定的工况。

五、发动机电控系统故障维修案例

故障现象：迈腾发动机G40信号不可靠引起发动机有怠速抖动、动力不足等现象(图3-24)。

故障分析：G40信号不可靠故障的原因比较多，它和G28的信号息息相关，当车辆正常的时候，G40和G28的信号有一个正常的对应关系。如果控制单元检测到两者之间的对应关系不正常则设定G40信号不可靠的故障码。正时不正确时也会影响到两者之间的对应关系。凸轮轴正时调节机构不能正常工作，如凸轮轴调节电磁阀N205卡滞或机油压力不正常，都会导致设置G40信号不可靠故障码。这是因为电脑并不监测机油压力和N205的机械部分，正时调节机构工作的前提是机油压力正常，N205正常。当需要调节凸轮轴正时的时候，电脑发出指令使N205开启，进而通过机油压力调节凸轮轴的角度位置，与此同时，电脑通过G40和G28信号的变化监测调节效果。当发出指令后，并没有得到执行的效果，电脑就会认为G40出故障，设定出G40信号不可靠的故障码。

检修过程：检修过程如图3-25所示。

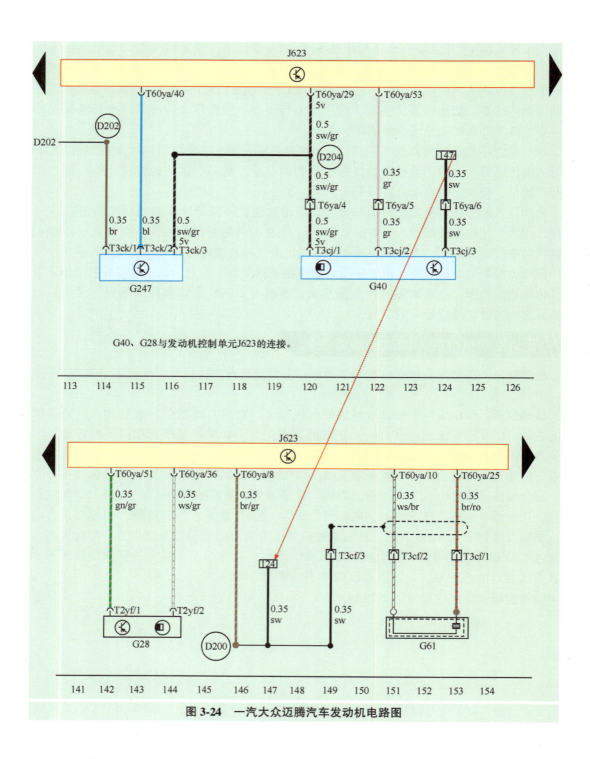

图 3-24　一汽大众迈腾汽车发动机电路图

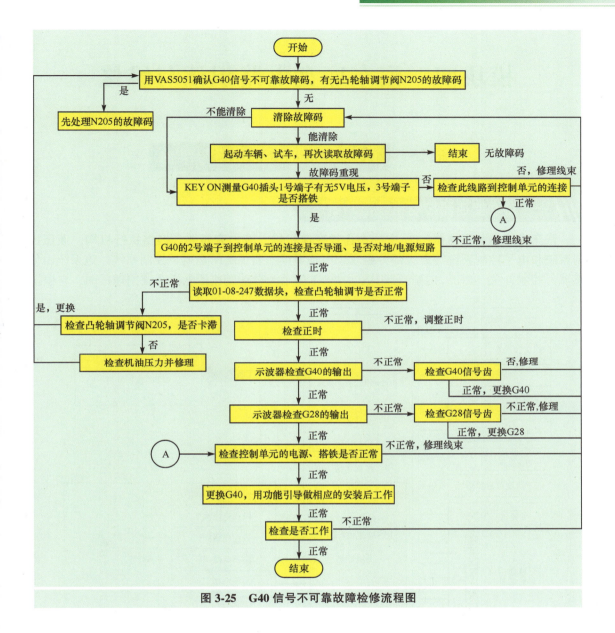

图 3-25　G40 信号不可靠故障检修流程图

模块四　汽车底盘电路识读与维修

项目一　自动变速器电路识读与维修

一、自动变速器控制系统电路概述

汽车电控自动变速器(AT)主要由齿轮变速机构、液力变矩器、换档执行机构、液压控制系统和电子控制系统等五大部分组成。电路识读主要了解的是电子控制系统。该系统由传感器、控制开关、ECU 和执行器组成。图 4-1 所示为自动变速器电控系统原理框图，它根据

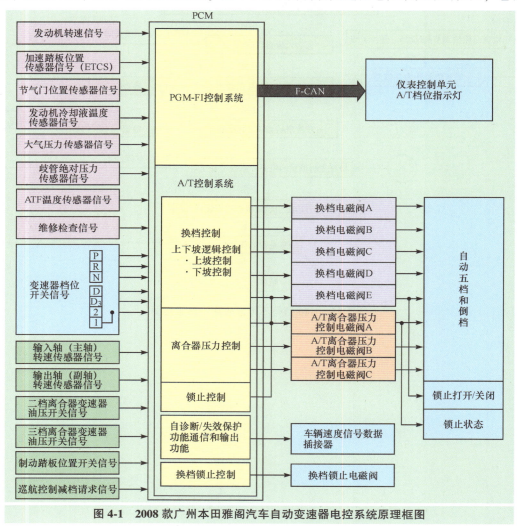

图 4-1　2008 款广州本田雅阁汽车自动变速器电控系统原理框图

汽车车速和发动机负荷变化，自动控制变速器换档时机和液力变矩器锁止时机，使汽车获得良好的动力，并节约燃油。电控系统的部分重要部件(如电磁阀、车速传感器)或其线路失效时，电控系统能将故障码存储，以便维修时参考，同时故障警告灯点亮。

　　汽车自动变速器电脑有的是单独存在的，也有一些是和发动机电脑设计在一起的。

　　从上面的功能原理框图可以看出，自动变速器电控系统输入信号包括档位开关信号、制动踏板位置开关信号、油压开关信号以及转速信号，这里有一些信号是和发动机电控系统共用的，经电脑内部收集计算后根据指令输出各路控制到电磁阀，去控制液压系统中的制动器与离合器进行自动换档操作。原理框图使我们知道信号输出、输出的关系及系统的控制功能，那么，从图4-2

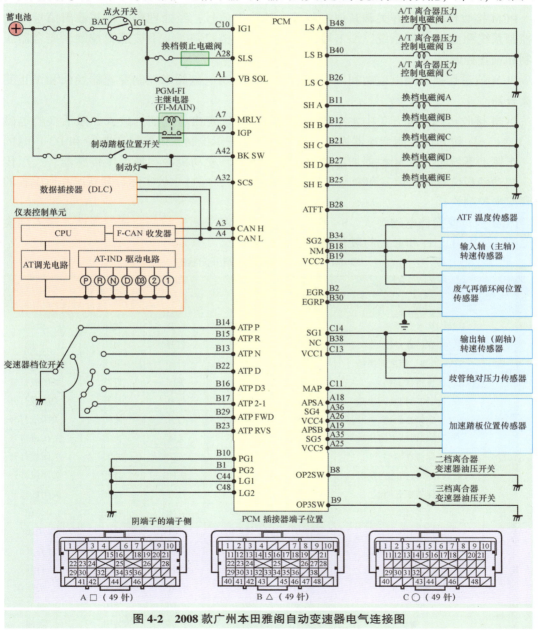

图4-2　2008款广州本田雅阁自动变速器电气连接图

则可以看出整个系统的组成和彼此之间的连接关系。

二、自动变速器电控系统电路图识读

自动变速器电控系统电路图可以分作电源部分(供电与搭铁)、仪表档位指示部分及系统控制部分。其中系统控制部分又包括各种转速、压力传感器及开关信号,换档电磁阀等执行信号。更为具体的电路如图4-3所示。

电子控制系统包括**动力系统控制单元(PCM)**、**传感器和电磁阀**。在所有情况下,换档和锁止都采用电子控制,以提高驾驶的舒适性。

PCM接收传感器、开关和其他控制单元的输出信号,经处理数据,并输出信号到发动机控制系统和A/T控制系统。A/T控制系统包括换档控制、上下坡逻辑控制、离合器压力控制和锁止控制。

PCM通过切换换档电磁阀和A/T离合器压力控制电磁阀来控制变速器换档和锁止变矩器离合器。

PCM接收传感器和开关中发出的各种信号立即确定出应选的档位,并激活换档电磁阀A、B、C、D和E以控制变速器换档,采用上下坡逻辑控制系统控制在D位和D3位时的换档。车辆上下坡时,PCM根据加速踏板位置传感器、发动机冷却液温度传感器、气压传感器、制动踏板位置开关信号和变速杆位置信号的输入,通过比较实际行驶状况和所编程的行驶状况来控制换档。

PCM通过使换档电磁阀A、B、C、D和E打开和关闭来控制变速器换档。输入到换档电磁阀A、B、C、D和E的行驶信号组合见表4-1。

表4-1 各档位换档电磁阀开闭状态

位置	档位	换档电磁阀				
		A	B	C	D	E
D, D3	从N位换档	关闭	打开	打开	关闭	关闭
	保持在一档	打开	打开	打开	关闭	关闭
	在一档和二档之间换档	关闭	打开	打开	关闭	关闭
	保持在二档	关闭	打开	关闭	打开	关闭或打开
	在二档和三档之间换档	关闭	打开	关闭	关闭	关闭或打开
	保持在三档	关闭	关闭	打开	关闭	关闭或打开
D	在三档和四档之间换档	关闭	关闭	关闭	关闭	关闭或打开
	保持在四档	打开	关闭	关闭	关闭	关闭或打开
	在四档和五档之间换档	打开	关闭	关闭	打开	关闭或打开
	保持在五档	打开	关闭	打开	打开	关闭或打开
2	二档	关闭	打开	关闭	打开	关闭
1	一档	打开	打开	打开	关闭	关闭
R	从P位和N位换档	关闭	打开	关闭	关闭	打开
	保持在倒档	打开	打开	关闭	关闭	打开
	倒档禁止	关闭	打开	打开	关闭	打开
P	驻车档	关闭	打开	打开	打开	关闭
N	空档	关闭	打开	打开	打开	关闭

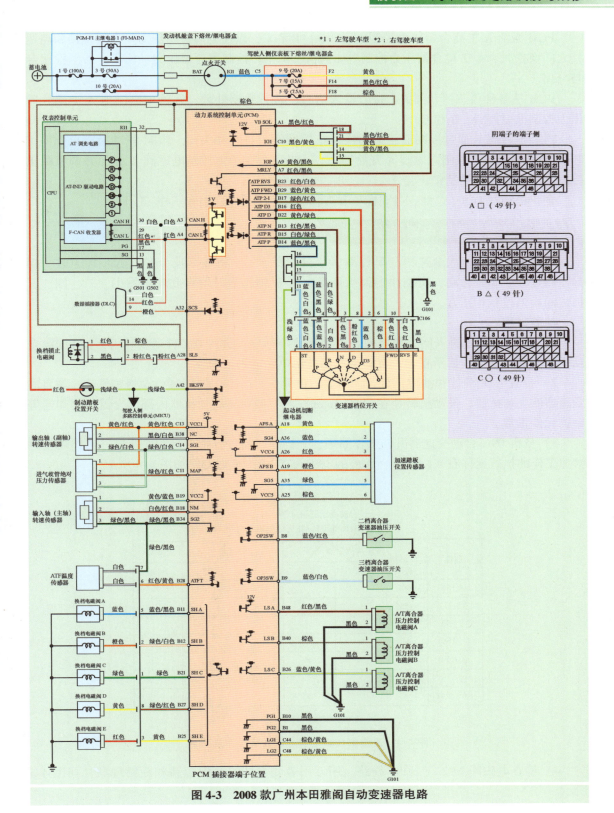

图 4-3 2008 款广州本田雅阁自动变速器电路

PCM 激活 A/T 离合器压力控制电磁阀 A、B 和 C，以控制离合器压力。在低速档和高速档之间换档时，A/T 离合器压力控制电磁阀 A、B 和 C 控制离合器压力，使离合器平稳接合与分离。

PCM 从各种传感器和开关中接收输入信号，进行数据处理，并输出电流到 A/T 离合器压力控制电磁阀 A、B 和 C。

换档电磁阀 E 通过控制液压来切换锁止控制阀的打开和关闭。PCM 驱动换档电磁阀 E 和 A/T 离合器压力控制电磁阀 A 开始锁止。A/T 离合器压力控制电磁阀 A 施加并调节锁止控制阀的液压，以控制锁止量。

锁止机构在 D 位(二档、三档、四档和五档)以及 D3 位(二档和三档)工作。

三、自动变速器电路维修案例

故障现象：一汽大众速腾汽车装备 09G 自动变速器，将该车挂 D 位，起步加速时一档升二档过程中车身耸动、换档冲击大，且每次从 D 位起步时均有此现象发生。三、四、五档之间换档过程均正常。

检修过程：

1）用 VAS5051 进入网关安装列表查询无故障存储。进入 02(自动变速器系统)读取自动变速器测量数据块显示正常。自动变速器控制单元编码正确。

2）检查 ATF 油位和油质正常，无明显的色泽变化(正常是暗红色)及烧焦气味；做自动变速器的失速试验，发动机转速在 2000r/min 左右，证明自动变速器内部离合器与制动器等摩擦元件正常。

3）依据 09G 自动变速器升档工作原理、一档升二档过程中，自动变速器一二档切换时参加工作的执行元件有 K1 和 B1，相应的电磁阀有 N92 与 N283，如图 4-4 所示。

> 自动变速器一二档切换时参加工作的执行元件有K1和B1，相应的电磁阀有N92与N283

速度	多片式离合器			制动盘		飞轮
	K1	K2	K3	B1	B2	F1
1(4.148)	×				(×)	×
2(2.37)	×			×		
3(1.556)	×		×			
4(1.159)	×	×				
5(0.859)		×	×			
6(0.686)		×		×		
R(3.394)			×		×	

(×)仅发动机制动

图 4-4 速腾 09G 自动变速器升档元件关系图

4）检查电磁阀 N92 与 N283 线路。用万用表测量线路，无短路和断路现象，如图 4-5 所示。

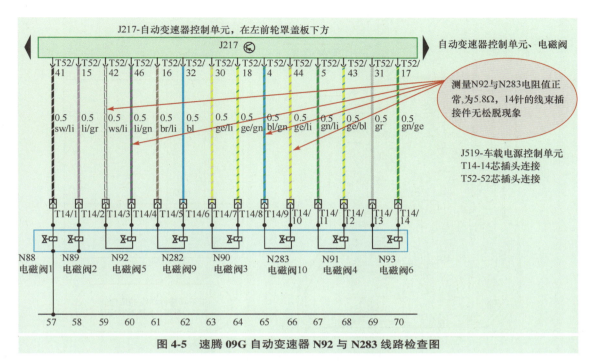

图 4-5　速腾 09G 自动变速器 N92 与 N283 线路检查图

5）拆下自动变速器的滑阀箱，检查 N283 电磁阀工作性能（是否堵塞，卡滞）——正常，如图 4-6 所示。

6）进一步拆检与 N283 电磁阀相连的机械阀，发现机械阀的弹簧断成两段，如图 4-7 所示。

图 4-6　检查 N283 电磁阀

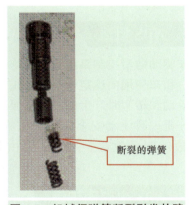

图 4-7　机械阀弹簧断裂引发故障

故障分析：自动变速器滑阀箱中，与 N283 电磁阀相连的机械阀弹簧本身存在瑕疵，在正常使用一段时间后断成两段；从图 4-8 可知 N283 电磁阀本身是电动调压阀，无占空比信号通过电磁阀时，油道的压力最大，此时机械阀压住机械阀弹簧；当电磁阀通占空比信号后，油道是泄压，此时机械阀弹簧推动机械阀移动进行油道切换。由于机械阀弹簧断成两段后总弹簧力小于原来值，在 N283 电磁阀通占空比信号后机械阀弹簧不能迅速推动机械阀移动进行油道切换（迟滞现象），导致 B1（制动器）的活塞不能迅速移动，结合迟缓，造成一档升二档时车身耸动,换档冲击大。

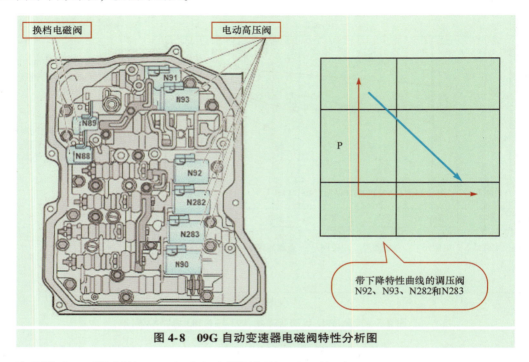

图 4-8 09G 自动变速器电磁阀特性分析图

故障排除:更换新的 09G 自动变速器滑阀箱,问题解决。

项目二 ABS 电控电路识读与维修

一、ABS 概述

汽车驱动防滑控制系统包括防抱死制动系统(ABS)、牵引控制系统(TCS)、驱动防滑系统(ASR)和车辆横向稳定性控制系统(VSC)。该系统可以提高制动效能,防止汽车在制动、起步、驱动和转弯时产生侧滑,是保证行车安全和防止事故发生的重要措施。

ABS 是一种主动安全装置,它在制动过程中自动调节车轮制动力,防止车轮抱死,以获得最佳制动效能。ABS 主要由轮速传感器、ECU 和执行器三部分组成,如图 4-9 所示。

二、ABS 电路图识读

广汽本田第八代雅阁车型装备的 ABS 控制电路如图 4-10 所示。

该系统由位于仪表控制模块内的 ABS 调制器控制装置、轮速传感器和系统指示灯组成。ABS 调制器控制装置控制防抱死制动和制动系统分配功能。

ECU 可根据接收到的轮速传感器信号测试轮速,然后根据测试的轮速计算出车速。该 ECU 在减速时可根据减速率测试车速,计算出车轮滑移率,并且当滑移率高时,ECU 将控制信号发送至调制器控制装置电磁阀。

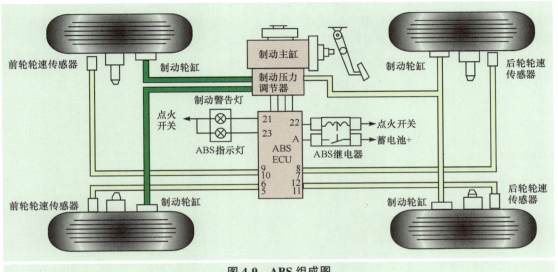

图 4-9 ABS 组成图

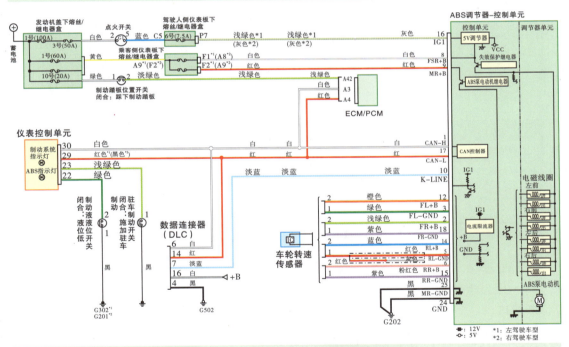

图 4-10 广汽本田第八代雅阁车型 ABS 电路图

液压控制包括三种模式：压力增加、压力减小和压力保持。

ABS 运行之前，根据后轮负载情况调节后轮制动力时，电子制动力分配（EBD）有助于控制车辆制动。根据轮速传感器信号，ECU 使用调制器单独控制后制动器。当后轮速度小于前轮速度时，ABS 调制器控制装置关闭调制器进油阀维持当前的后制动液压力；当后轮速度提高并接近前轮速度时，ABS 调制器控制装置瞬间开启进油阀增加后制动液压力。整个过程将快速进行重复。该过程进行时，制动踏板会出现反弹现象。

ABS 调制器由进油电磁阀、出油电磁阀、储液箱、液压泵、液压泵电动机和缓冲腔等组成。调制器直接降低制动卡钳中的制动液压力。调制器为循环型,这是因为制动液通过制动卡钳、储液箱和制动主缸等进行循环。

液压管路由四个独立的油路组成,每一个车轮有一个油路。ABS 控制电磁阀的工作状态如图 4-11 所示。

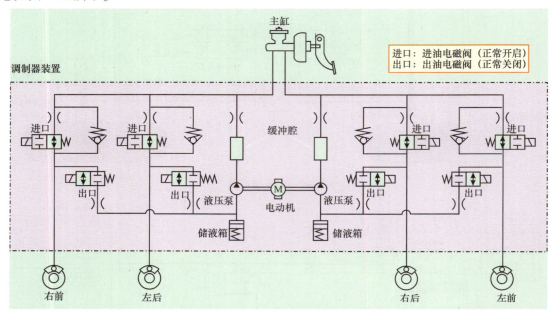

模式	进油电磁阀	出油电磁阀	制动液
压力增加模式	开启	关闭	抽出制动主缸油液至卡钳
压力保持模式	关闭	关闭	进油阀和出油阀可止住卡钳油液
压力减小模式	关闭	开启	● 卡钳油液从出油阀流至储液箱 ● 使用液压泵电动机抽出油液,通过缓冲腔至制动总成

注:电动机持续运行,直到完成首次压力减小模式中的防抱死控制。

图 4-11 ABS 控制电磁阀工作状态

当 ABS 发生故障后,仪表板上的 ABS 指示灯亮,此时恢复到常规制动状态。DLC 为故障诊断接口。

三、ABS 电路故障维修案例

故障问题:吉利海景车型 ABS 灯亮。

故障现象:用户反映该车 ABS 警告灯、EBD 警告灯、制动系统警告灯常亮,用电脑检测仪读故障码时发现检测仪无法进入 ABS。

故障检修:先用检测仪对该车 ABS 进行检测,发现检测仪无法进入 ABS,数次连接均显示通信中断。测量 ABS 的 HECU 11 号端子的 K 线至检测插头线路畅通。对 ABS 线束进行排查,发动机舱熔丝盒 F21、F20 两个 ABS 熔丝分别至 HECU 的 2 号、3 号端子线路,电源供给均正常。打开点火开关,测量点火开关至 ABS 的 HECU18 号端子的电源供给也正常,检查 ABS 搭铁线固定螺钉并未松动。因此怀疑 ABS 的 HECU 本身有故障，更换 ABS 总成，插上线束插头用检测仪试验能否进入时，发现检测仪仍无法进入 HECU。考虑到 ABS 电源供给正常，再次检查搭铁线，拆下搭铁线固定螺钉后发现固定螺母与车身焊接不牢靠且焊接点较小（图 4-12），造成 ABS 搭铁线电阻过大。

故障排除：将 ABS 搭铁线重新固定在可靠、牢固的搭铁位置后故障排除。ABS 搭铁点如图 4-13 所示。

图 4-12　ABS 电路搭铁点焊接不良

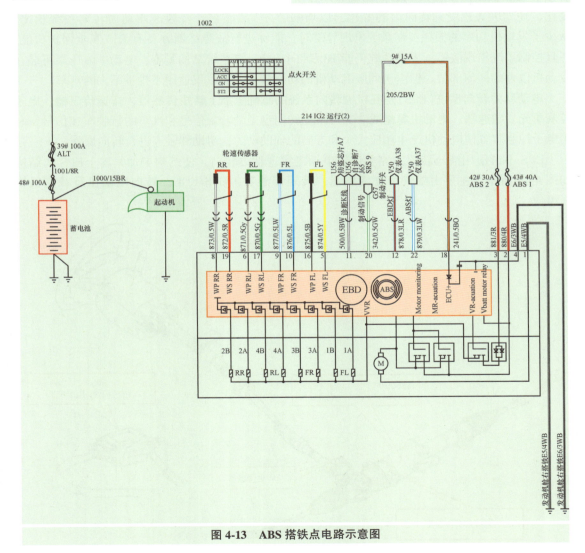

图 4-13　ABS 搭铁点电路示意图

项目三　电控助力转向电路识读与维修

一、电控助力转向系统电路概述

　　助力转向系统是依靠驾驶人的体能并在其他能源帮助下进行汽车转向。助力转向系统应在停车状态时能够提供足够的助力,使原地转向容易,在汽车低速运行时减小转向操纵力;当车速增加时助力应逐渐减小,进入高速状态时应无助力;系统应能保证最优控制传动比和稳定的"路感",从而提高高速行驶时的稳定性。

　　电子控制液压助力转向系统是由 ECU 控制的电动—液压泵取代由发动机驱动的液压泵工作,能够根据汽车行驶状态,在需要助力时,使液压泵工作;同时,根据车速和转向角的变化,使驾驶人感受到转向力的变化,以增强"手感"。它与普通液压动力转向系统相比,减少了发动机功率的损耗;在系统出现异常时,能够进行故障诊断并备有失效安全保护机能,一旦控制系统出现故障,手动系统仍能确保转向功能。该系统结构紧凑,电动—液压泵可装在发动机以外的任何部位。但由于伺服电动机的功率较小,所以仅适用于排量不大的汽车。

　　电动助力转向系统(EPS)是在机械转向系统的基础上加上转矩传感器、车速传感器、电子控制单元、减速器、电动机等组成。其可根据转向盘上的转矩信号和汽车的行驶车速信号,利用电子控制装置使电动机产生相应大小和方向的辅助动力,协助驾驶人进行转向操作。

　　EPS 不再使用液压装置,完全依靠电动机实现动力转向,使结构更加紧凑。EPS 的结构如图 4-14 所示,主要由**旋转角度传感器、转矩传感器、EPS ECU、转向电动机及减速机构**等组成。

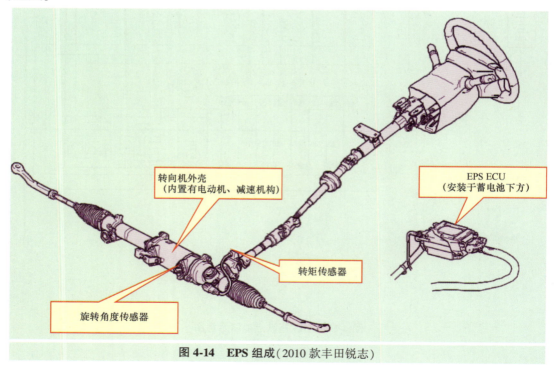

图 4-14　EPS 组成(2010 款丰田锐志)

EPS 系统各组成部件的功能见表 4-2。

表 4-2　EPS 系统部件功能

名　　称	功　　能
控制器	通过转矩传感器信号和车速信号计算出辅助电流，输出给电动机
转矩传感器	向控制器输出转向转矩
旋转角度传感器	将电动机的旋转角度输出到控制器
电动机	根据控制器输入的辅助电流，产生转向助力
减速机构	降低传动机构转速，将之传送到转向机
组合仪表	系统发生异常时，组合仪表内的 P/S 警告灯会点亮
DLC3	通过使用诊断工具，可以对系统进行诊断

EPS 利用电动机作为助力源，根据车速和转向参数等因素，由 ECU 完成助力控制。当操纵转向盘时，装在转向盘轴上的转矩传感器不断地测出转向轴上的转矩信号，该信号与旋转角度信号还有车速、发动机转速等信号同时输入到 ECU。ECU 根据这些输入信号，确定助力转矩的大小和方向，即选定电动机的电流和转动方向，调整转向辅助动力的大小。电动机的转矩由电磁离合器通过减速机构减速增矩后，加在汽车的转向机构上，使之得到一个与汽车工况相适应的转向作用力。系统原理如图 4-15 所示。

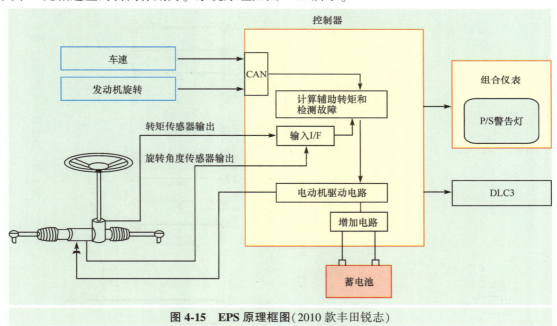

图 4-15　EPS 原理框图（2010 款丰田锐志）

二、EPS 电路图识读

以丰田锐志车型的 EPS 为例，其电路如图 4-16 所示。

EPS ECU 根据转向转矩和车速计算辅助电流，并且根据旋转角度传感器的数据驱动电动机。为了防止系统出现故障，该 ECU 还具有失效保护功能以及诊断功能。

EPS 具有以下功能：基本控制根据转向转矩和车速计算出辅助电流，并且根据从旋转角度传感器得到的数据信息，控制驱动电路，以特定的电流驱动电动机；惯性校正控制减小转

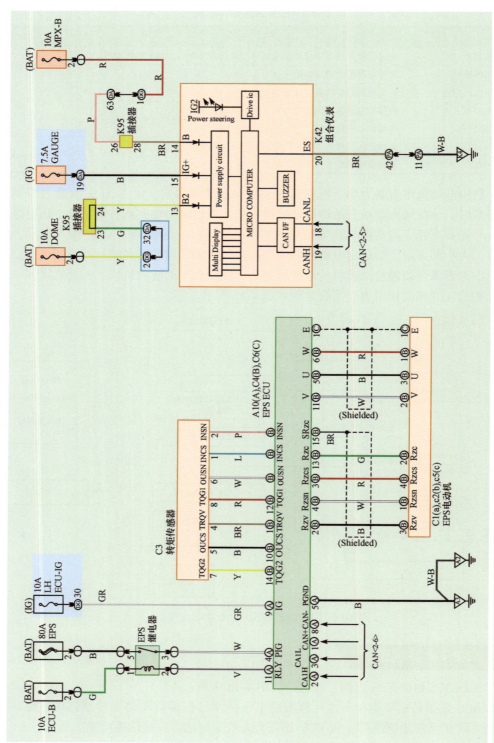

图 4-16 2010 款一汽丰田锐志汽车 EPS 电路图

向操作开始时电动机的拖拉感；返回控制确保转向机构转向时的返回特性；减振器控制确保高速行驶时转向机构的稳定性；增压控制增加蓄电池电压，以产生驱动电动机所必需的电压；系统过热保护控制使电动机以及控制器在最佳条件下运行。

当系统发生故障时，失效保护功能开始运行，点亮组合仪表内的 P/S 警告灯，然后掐断或逐渐减少输出电流，使系统进入手动转向模式，或使系统进入限制输出电流的状态。

诊断功能可以方便对系统的检测，可用维修工具输出诊断代码，以获得诊断结果。

项目四 电控悬架电路识读与维修

一、电控悬架电路概述

悬架是车架(或承载车身)与车桥(或车轮)之间一切传力连接装置的总称。其作用是连接和传递各种力矩，缓冲和吸收路面产生的冲击和振动，保证乘坐和驾驶的舒适性。传统的被动悬架只能保证在一种特定的道路状态和速度下达到性能最优化，而电控调节悬架系统可以使悬架的刚度、减振器的阻尼系数及车身高度随汽车载荷、行驶速度、路面状况等行驶条件的变化而变化。它既能适应在不同道路条件下的行驶要求，又可保证驾乘人员的舒适性和安全性。

丰田电控悬架(TEMS)根据弹性元件的不同可分为电控空气悬架和电控液压悬架，根据调节方式的不同可分为半主动悬架和主动悬架。

TEMS 由电控系统(悬架控制 ECU、高度控制传感器、转向传感器、节气门位置传感器、车速传感器、行驶控制开关(LRC)、高度控制开关、制动灯开关、门控开关和空档起动开关等)和空气悬架系统(空气压缩机、空气弹簧、阻力可调减振器等)及执行器(悬架控制执行器、高度控制阀等)三部分组成。电控系统可分为信息输入部分、控制单元和执行部件，系统控制电路图如图 4-17 所示。

TEMS 电控系统根据汽车行驶状况，由各种控制开关及传感器把信息送到 ECU 进行计算并与设定参数比较后发出控制信号使执行器工作，进而调节减振器阻尼力的大小和改变悬架弹簧的刚度。车身高度的控制则是由控制空气压缩机给空气弹簧充气以及控制排气电磁阀通电进行排气，来调节车身的高度。

二、电控悬架电路图识读

以 2009 款一汽丰田皇冠车型的电控空气悬架系统为例，其电路如图 4-18 所示。

悬架控制 ECU 操作带干燥器的压缩机和电动机，并通过分析来自开关、传感器和输入信号的信息利用电磁阀控制车辆高度。通过四个高度控制传感器，悬架控制 ECU 检测由乘员数量和载重量引起的车辆高度的变化。然后，悬架控制 ECU 控制高度控制电磁阀和带干燥器的压缩机和电动机，自动调节车辆高度并将其保持在恒定(正常)水平。通过操作高度控制开关可选择两种车辆高度："HEIGHT HIGH" 和正常。顶起车辆时，将点火开关置于 OFF 位置可禁用自动高度调节功能；如果发动机运转的情况下顶起车辆，则通过连接 DLC3 的端子 3(TEM) 和 4(CG) 可禁用高度控制功能。

悬架控制 ECU 接收来自传感器和开关的信号，从而控制悬架控制执行器。悬架控制 ECU 根据驾驶条件和路况并利用这些信号优化控制。

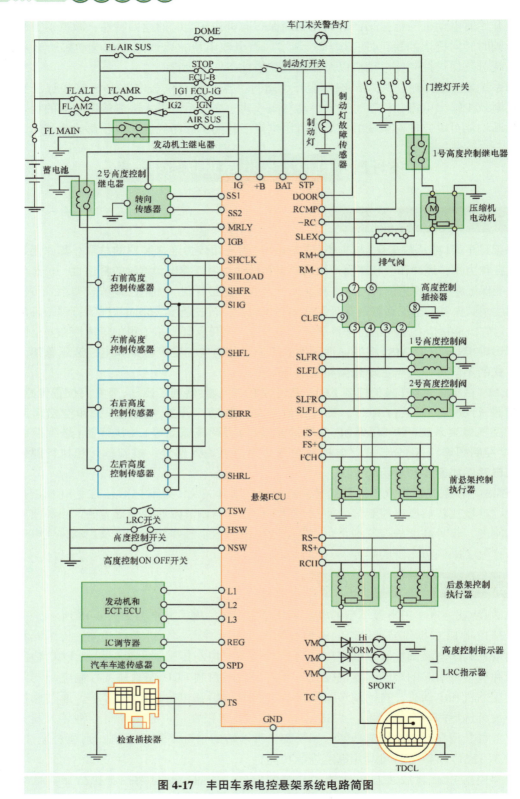

图 4-17 丰田车系电控悬架系统电路简图

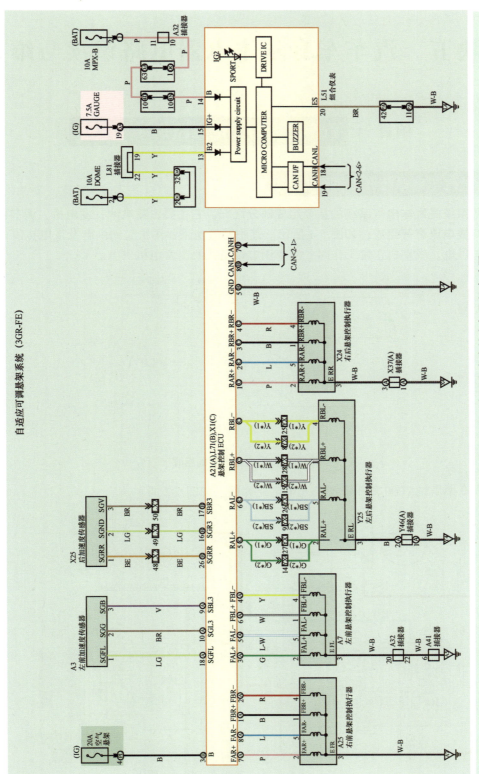

图 4-18 2009 款一汽丰田皇冠汽车电控空气悬架电路图

模块五　汽车车身基本电器电路识读与维修

项目一　汽车电源与充电电路识读与维修

一、汽车电源与充电系统概述

电源系统是汽车电气系统的重要组成部分之一，它主要由蓄电池、发电机、调节器、充电指示灯或电流表等组成，如图 5-1 所示。其中蓄电池主要用于起动供电及发电机发电不足或过载时供电。发动机正常工作时，汽车用电设备主要由发电机供电。

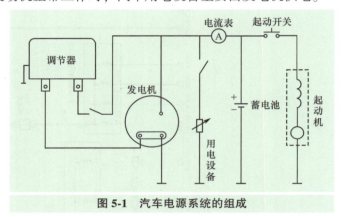

图 5-1　汽车电源系统的组成

以大众桑塔纳 2000 汽车电源与充电电路为例，如图 5-2 所示。

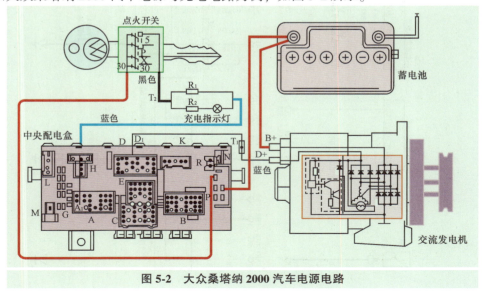

图 5-2　大众桑塔纳 2000 汽车电源电路

当发电机工作时,定子绕组中产生的三相交流电动势经输出整流电路整流后,输出直流电压 U_B+ 向负载供电,并向蓄电池充电,发电机的磁场电流则由磁场电路整流后输出的直流电压 U_D+ 供给。充电的控制过程如下。

当点火开关接通时,充电指示灯电路接通,其电路为蓄电池正极→中央配电盒 P 插座→点火开关 30 端子→点火开关→点火开关 15 端子→电阻 R1、R2 和充电指示灯→二极管→中央配电盒 A 插座的 16 端子→中央配电盒内部线路→D 插座的 4 端子→蓄电池旁边的单端子插接器 T1→发电机"D+"端子→发电机磁场绕组→调节器→搭铁。可见,充电指示灯一端(左端)接蓄电池电压,一端(右端)接发电机"D+"端输出电压。在发电机尚未发电时,发电机"D+"端尚无电压输出,充电指示灯两端电位差较大,指示灯发亮,指示磁场电流接通并由蓄电池供电。

发动机起动后,随着发电机转速升高,发电机"D+"端电压随之升高,充电指示灯两端的电位差降低,指示灯亮度减弱。当发电机电压升高到蓄电池充电电压 UC 时,发电机"B+"端与"D+"端电位相等($U_B+=U_D+=U_C+$),此时充电指示灯两端电位差降低到零,指示灯熄灭,指示发电机已正常发电,磁场电流由发电机自己供给。

当发电机转速降低时,"D+"端电位降低,指示灯两端电位差增大,指示灯又发亮,指示蓄电池放电。当发电机高速运转,充电系统(发电机或调节器)发生故障而导致发电机不发电时,由于"D+"端无电压输出,因此充电指示灯两端电位差增大,指示灯发亮,警告驾驶人应及时停车排除故障。

二、电源与充电电路识读示例

以比亚迪 F0 车型为例,其电源供电与充电电路如图 5-3 所示。

蓄电池通过易熔线与 F1/10(125)熔丝提供常电电压,再经 F2/14(40A)熔丝接到 IG 继电器与 ACC 继电器,这两个继电器由点火开关进行控制,当打到一、二档时 ACC 继电器接通供电,当打到二、三档时 IG 继电器接通供电。

发电机 B 端子接常电线,在发动机起动后,一边向蓄电池充电,一边由发电机向汽车其他用电设备提供电源;L 端子接到组合仪表 C1-24 端,接电源充电状态指示灯。

三、电源与充电电路故障维修案例

故障现象:一汽大众开迪汽车在停放两天后出现蓄电池亏电,导致起动机不能起动发动机。

故障分析:发动机不能起动的可能原因如下所述。

1) 起动机不能转动,可能有故障的部件为蓄电池、起动机及线路(含搭铁不良)、点火开关、J527(包括线路、熔丝等)、CAN 线、J519、50 继电器及线路、档位开关、J519 到 J527 线路。

2) 起动机能转动,但发动机不能起动,可能的故障原因包括以下几项。

① 供油系统:燃油泵故障(包括熔丝及线路)、燃油泵继电器、油路堵塞、喷油器及线路、燃油质量差或油量不足、油压调节器故障。

② 点火系统:点火线圈(包括线路和熔丝)、主继电器、点火正时不对、G28 传感器、CAN 总线。

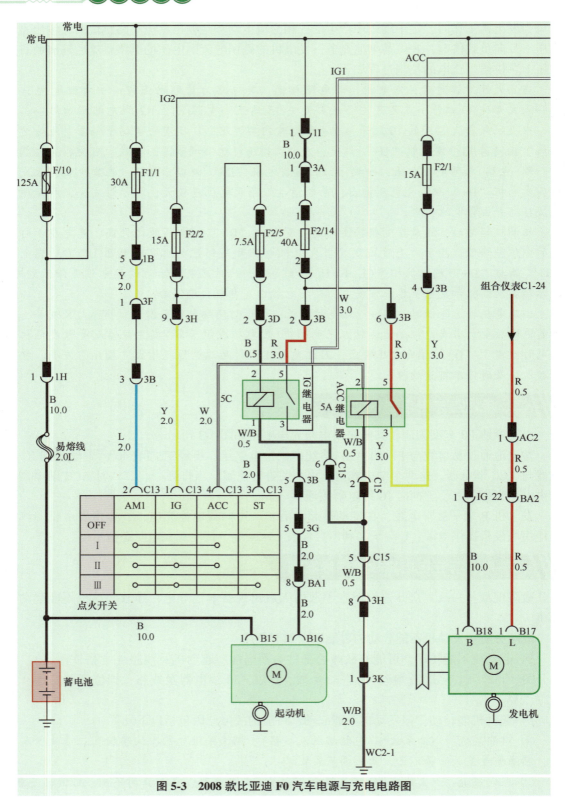

图 5-3 2008 款比亚迪 F0 汽车电源与充电电路图

③ 防盗系统：钥匙、防盗器、网关、读写绕组、CAN 总线及防盗相关线路、未正确匹配。

④ 发动机控制单元。

⑤ 机械故障：缸压不足（配气相位、机械损伤）、积炭、火花塞、淹缸以及进排气系统堵塞等。

检修过程：

1）起动发动机时，起动机不转。检测此时蓄电池电压为 8.2V。

2）用外接蓄电池的方法进行辅助起动，发动机能正常起动，说明发动机机械及电控系统正常。

3）怠速时检查发动机电压是 14.2V，正常，说明蓄电池亏电，可能原因有以下几项。

① 蓄电池损坏，此车已更换过新的蓄电池。

② 车辆漏电导致蓄电池亏电。

③ 蓄电池损坏，可能用电负荷过大或蓄电池充电电压过高。

由于开迪汽车有电源管理系统，行驶时一般不会充电不足或充电过高，因此应是漏电导致。

4）关闭点火开关，将电流表串联在蓄电池的正极线，然后关闭所有车门、车灯等用电设备。此时漏电电流是 480mA，正常是 30mA 内，说明漏电严重。

5）拆下加装的 GPS 和防盗器，漏电电流是 320mA，仍然过高。

6）采用拔熔丝判断漏电电流的方法。当拔下 SC46（功能/部件：J519-车载电网控制单元）时，漏电电流突然变成 120mA、20min 后进入睡眠模式变成 90mA。

7）SC46 为 J519 供 30 号正电，判断 J519 或此两段线路有故障，造成漏电和时间较长才进入睡眠模式。

8）处理 J519 的搭铁点（左侧 A 柱下部），故障一样：漏电电流 300mA，进入睡眠模式后 90mA。

9）更换正常汽车的 J519，开始时漏电电流有 200mA、等 2min，电压稳定后 J519 进入睡眠模式后漏电电流 30mA，正常。

10）仔细检查 J519，发现端子 E/7 弯了，导致虚接产生故障。SC46 熔丝电源电路如图 5-4 所示。将 J519 端子掰直，装回车内。进入睡眠模式后放电电流只有 25mA，故障排除。

故障排除：修理 J519 中 E/7 端子。

维修总结：

1）漏电的检测，用拔熔丝的方法是较快速和准确的。

2）J519 中的 E/7 端子是 J519 控制单元内 CPU 的搭铁线。如果此端子接触不良，会导致 J519 工作异常，从而不能进入睡眠模式，导致漏电电流过大。

3）此车漏电电流过大的原因有两个，一是舒适 CAN 工作时的电流是 150mA，睡眠时为 6mA，但唤醒电流较大。当 J519 不能睡眠时，它一直处于唤醒别的控制单元并且自身处于工作状态，所以电流较高。二是 J519 本身不睡眠而正常工作，也消耗一部分电流。

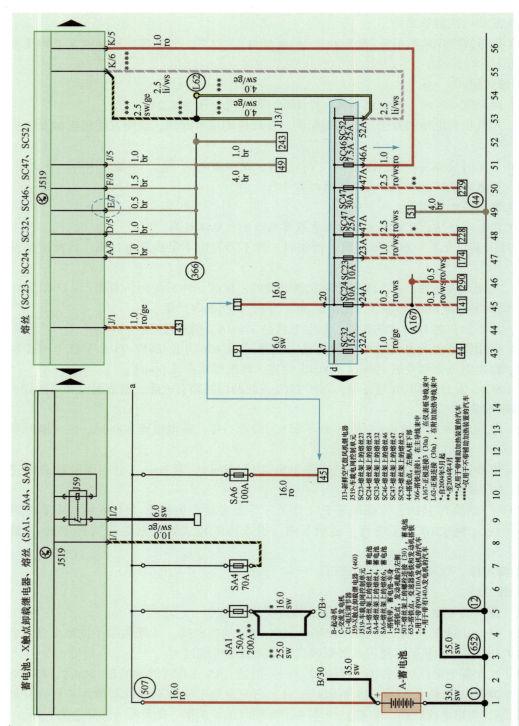

图 5-4 SC46 熔丝的电源

项目二　汽车照明与信号指示电路识读与维修

一、汽车照明与信号系统电路概述

汽车照明系统由安装在所需照明位置的照明灯具与相应的控制开关、线路及熔断器等组成，用于夜间行车的道路照明、车内照明以及其他特殊照明。

汽车用于照明的灯具主要有前照灯（分远光灯和近光灯）、雾灯和车内照明灯（阅读灯、仪表照明灯、行李箱灯、杂物箱灯、迎宾踏步灯等）。现代高级轿车配用的前照灯控制，有车灯开关未关警告电路、前照灯延时控制电路、前照灯自动变光控制电路、前照灯收回控制电路、前照灯昏暗自动亮起控制电路和前照灯照射角度自动控制电路等，用以满足汽车更高的照明要求。

汽车信号系统由电喇叭、倒车蜂鸣器等声响信号装置和转向信号灯、制动灯、危险警告灯等灯光信号装置组成，其作用是向其他车辆和行人发出提示和警告，以引起注意，确保行车安全。汽车常见灯具的装配位置如图 5-5 所示。

二、汽车照明与信号系统电路识读

以比亚迪 F3/F3-R 车型的照明与信号系统为例，其前照灯电路如图 5-6 所示。左、右前远光灯与近光灯的供电受前照灯继电器的控制，继电器的导通与否由 C8 组合开关的灯光控制开关与闪光器开关决定，前照灯电源来自蓄电池经 40A 的前照灯熔丝，接到前照灯继电器的 B71 端子，从 B73 端子输出，各经 10A 的熔丝送到左、右前远光与近光灯的正极。只有点火开关位于 ACC 档，并且组合开关的灯控制开关打到 HEAD 档位，前照灯继电器才接通，这时左、右近光灯才会亮起。在前照灯接通的同时，位于组合仪表的前照灯指示灯也亮起。当组合开关的闪光器开关瞬时接到 FLASH 档，左、右前远光灯闪亮一下，在超车或对前车的反常操作发出警告信号。当组合开关的闪光器开关拨到 HIGH 位置时，左、右远光灯负极搭铁形成回路，这时远光灯亮起。

图 5-7 所示为带自动灯光功能的前照灯电路。与前述电路不同的地方是这个电路中加入了自动灯光开关电路，当汽车光照强度传感器检测到周边环境昏暗（天变黑或汽车进入隧道、树林小道等阴暗环境），会自动亮起灯光。加入此功能电路的组合开关灯控制开关中多了一个 AUTO 自动档，当灯控制开关位于这个档位时，自动灯光开关控制电路起动，车身控制模块根据 A35 光照强度传感器的信号值判断是不是从端子 16 输出低电压控制信号，接通前照灯继电器，以给前照灯提供工作电源。

比亚迪 F3 的小灯、后雾灯电路包括后组合灯、后雾灯、牌照灯及前位置灯等，电路如图 5-8 所示。后组合灯、牌照灯、前位置灯等小灯的供电由 T12 小灯继电器控制，当组合开关 C8 位于 HAED 与 TAIL 档时，继电器控制端 2、1 对地接通，这时端子 3、4 接通供电。后雾灯的供电由 R17 后雾灯开关控制，开关接通时直接来自蓄电池正极的电源输出到后雾灯。

汽车转向信号与危险警告灯电路如图 5-9 所示。转向灯与危险警告灯的开启受 C8 组合开关的左右转向开关（打左转向时，端子 1 与闪光继电器 T4 的端子 5 接通；打右转向时，端子 3 与闪光继电器 T4 的端子 6 接通）和闪光继电器、危险警告灯开关的控制。点火开关位于 IG1 档时，点火继电器接通，闪光继电器得到工作电源。当启用危险警告灯时，按下危险警告灯开关，来自蓄电池经 10A 危险警告灯熔丝的电源由闪光继电器接到各转向灯。由于转

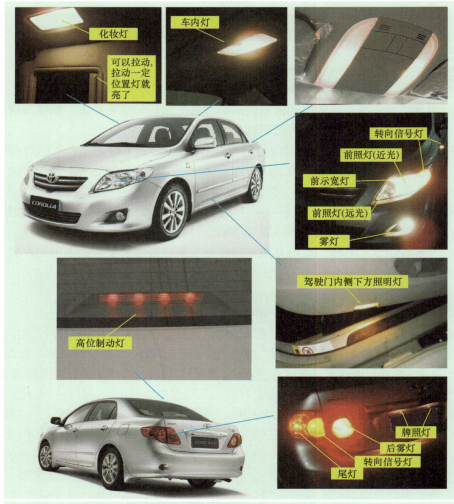

图 5-5　汽车照明与信号系统的灯具分布（丰田卡罗拉车型）

向灯与转向灯开关，以及转向闪光继电器与点火开关串联，即转向信号灯是在点火开关处于工作档时使用。而危险警告灯电路与点火开关并联，随时都可开闭。即使汽车点火开关关闭，只要危险警告灯开关打开，危险警告灯也可以启用。

汽车的制动灯电路由发光二极管（LED）形式的左右后组合灯和高位制动（灯泡与 LED 灯）、制动灯开关组成。当踏下制动踏板，触发制动灯开关时，由蓄电池正极经 100A 主电源熔丝、15A 制动灯熔丝和制动开关将电压送到制动灯正极，由灯的负极搭铁形成工作回路。

当按下喇叭按钮，喇叭继电器接通，由蓄电池正极送出经 10A 喇叭熔丝的工作电压从继电器的 B61 入 B24 出，送到高低音喇叭，经搭铁形成工作回路。制动灯与喇叭电路如图 5-10 所示。

室内灯包括左前门灯与右前门灯、前室内灯与后室内灯以及行李箱灯。室内灯电源从蓄电池正极经 10A 室内灯熔丝，送到各个灯泡的正极再由灯光开关控制搭铁。位于组合仪表的车门灯工作信号指示灯（LED）与各车门灯并联，与车门开关串联，当车门开关导通点亮车门灯的同时也将仪表指示灯点亮。同时并联在此电路中的还有点火钥匙提醒灯。室内灯的电路如图 5-11 所示。

模块五 汽车车身基本电器电路识读与维修

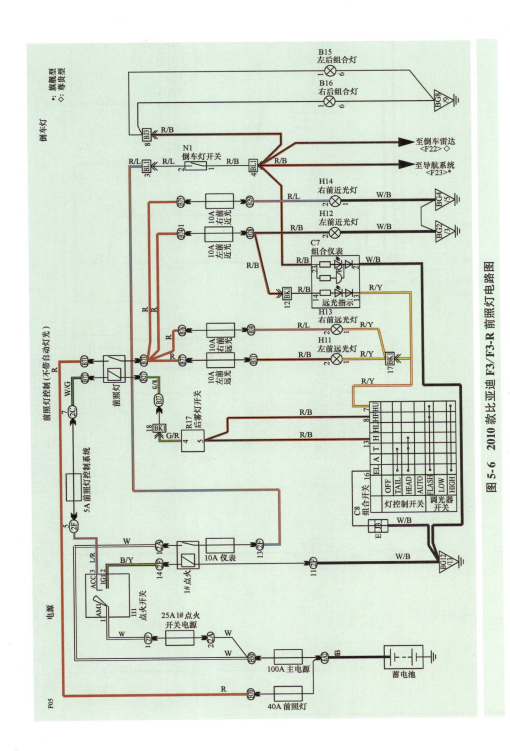

图 5-6 2010 款比亚迪 F3/F3-R 前照灯电路图

79

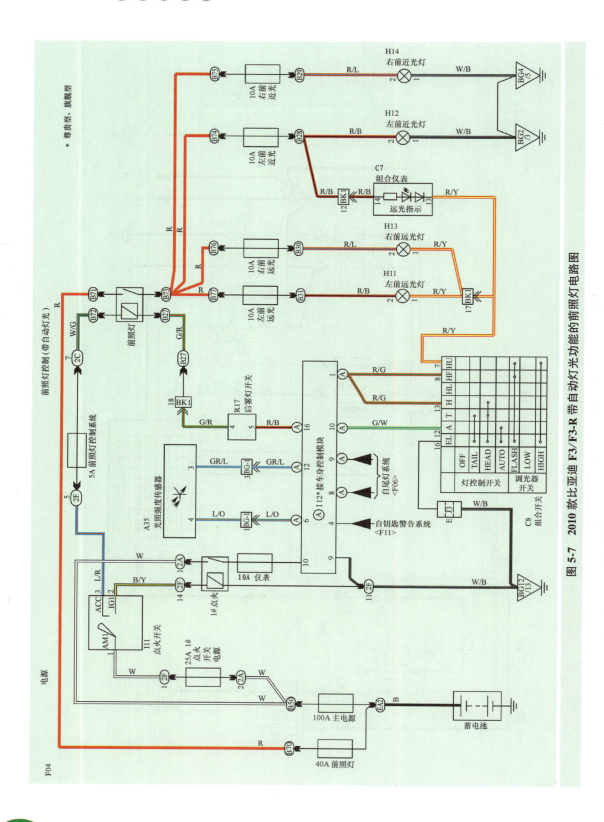

图 5-7 2010 款比亚迪 F3/F3-R 带自动灯光功能的前照灯电路图

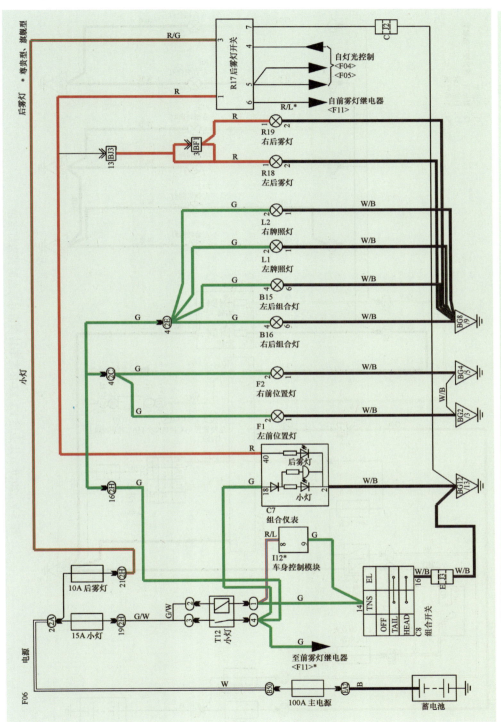

图 5-8 2010 款比亚迪 F3/F3-R 小灯电路图

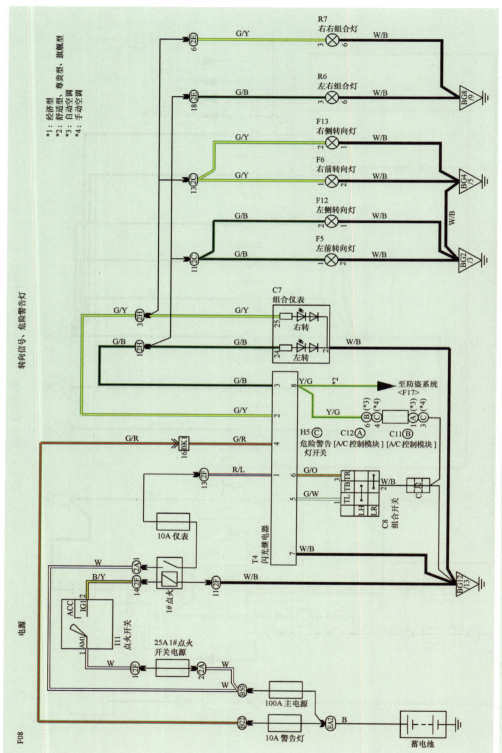

图 5-9 2010 款比亚迪 F3/F3-R 汽车转向信号与危险警告灯电路

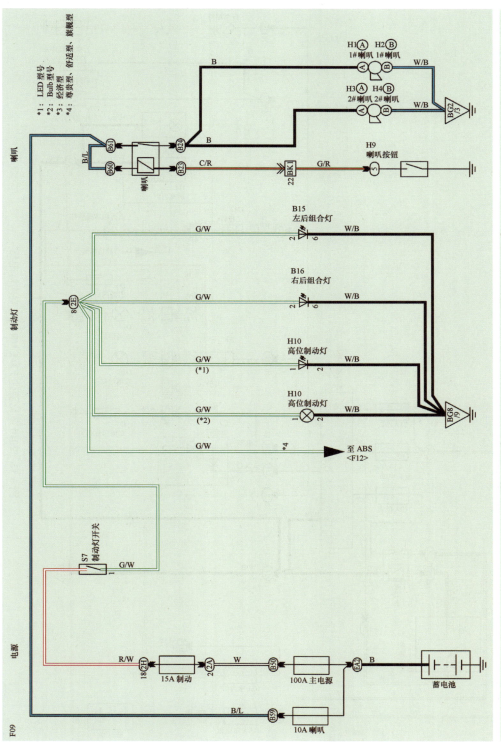

图 5-10　2010 款比亚迪 F3/F3-R 汽车制动灯与喇叭电路

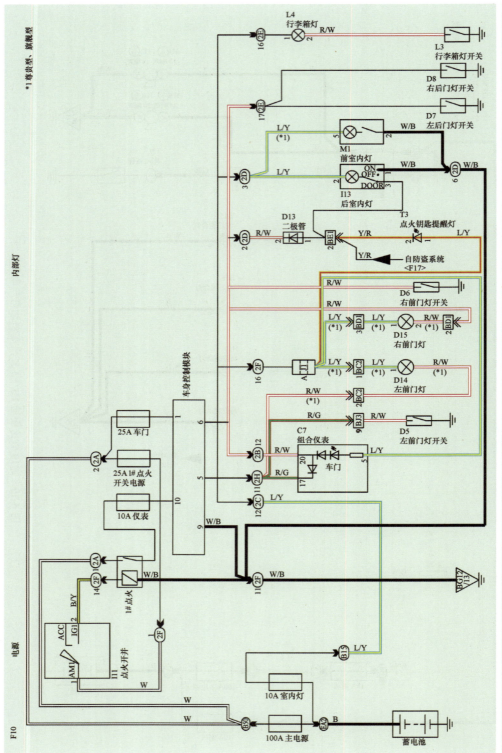

图 5-11 2010款比亚迪 F3/F3-R 汽车室内灯电路

三、汽车照明电路故障维修案例

案例一：一汽大众速腾汽车室内顶灯有时常亮

故障现象： 速腾汽车室内顶灯有时常亮。

检修过程：

1）首先用VAS5051检查(J519车载电网控制单元)09-02无故障码，然后进入(舒适系统)46-08-01看1-4区车门检查，四个车门门锁开关无问题。

2）检查中发现，行李箱灯进水导致线路短路，修复后室内顶灯还是常亮。

3）查看电路图(图5-12)并检查触发信号线及K/10线未见异常，经更换J519后，故障消除，交车给用户，使用几日后再次出现室内顶灯常亮问题。

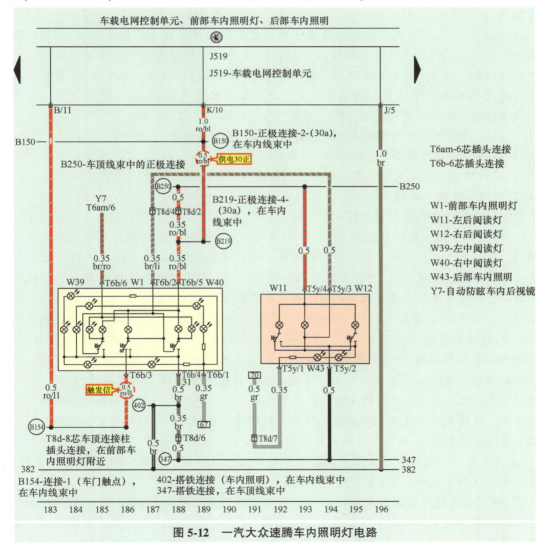

图5-12 一汽大众速腾车内照明灯电路

4）再次用VAS5051检查J519，无故障码，初步怀疑线束存在问题，经检查发现顶灯线束由于左侧驾驶人遮阳板固定螺钉安装不良导致线束短路,将线束分开并经绝缘包裹处理后,试车故障排除。

故障分析:左侧驾驶人遮阳板的固定螺钉安装不良导致顶灯线束短路。

故障排除:将线束分开并经绝缘包裹处理。

案例二:一汽大众迈腾汽车右近光灯不亮

故障现象:迈腾仪表出现灯光警告提示,打开近光开关时右侧近光灯暗亮5s熄灭,左侧近光灯正常。

检修过程:

1)故障码检测。用VAS5051进行故障查询,在09中央电气单元内存在两个关于右侧近光灯线路短/断路的故障,其中有一个故障存储不能清除:"00979近光前照灯灯泡右M31对地短路"。

2)电路分析。分析迈腾灯光电路图可知,当前照灯开关处于远近光档或AUTO档时,变光开关位于近光灯工作位置信号输入J519,J519通过分析处理输入信号后,发送近光灯开启控制指令,通过内部控制电路将电源输出经插头A上T11/2端子→1.5黄/蓝导线→右前照灯插座T10r/8端子送至M31右侧近光灯泡,如图5-13所示。

故障分析:据故障码和电路分析,可能产生的故障原因如下所述。

1)J519内部电路控制线路故障,导致无正常工作电压输出。

2)J519至前照灯线路存在线断路/短路故障。

3)右前照灯近光灯泡或前照灯内近光灯泡连接线束故障。

4)近光信号输入故障。

可能产生的故障原因逻辑排除如下所述。

1)近光信号输入故障。因J519是通过CANBUS总线接收J527调控信息进行远近光功能控制,从线路上讲,总线信号或前照灯近光档位信号同时输入J519后,由J519进行分析并进行单线控制。故障现象(右侧近光灯暗亮5s熄灭)表明右前照灯远近光控制执行线路正常,因此,近光信号输入存在故障的可能性可先排除。

2)进入09-08通道,读取02数据组,2区右近光灯在刚打开近光开关后,首先显示为100%,然后持续约5s后,显示0%。这说明右前照灯近光未接收到来自J519的控制电压,此时拔下右前照灯的端子测量T10r/8端子,发现在近光状态下该端子无工作电压,测量J519的输出端子T11/2也无电压输出,问题基本可以断定为J519内部电路故障。

3)CAN BUS总线网络控制技术具备失效模式应急保护功能,J519具备电器回路的电能管理功能,执行元件或线路短路断路故障可引起相关失效模式应急功能开启,进而关闭相关电器。为验证J519是否处于失效模式应急功能,我们做如下实验。

① 将左前照灯插头拔下,在左侧近光线路断路的状态下,读取09-08-02组1区数据,在近光开启状态下显示为100%,右侧为0%。

② 接下来再对线路是否短路进行验证,断开右前照灯插头和J519的A端子插头,用VAS5051的电阻测量工具测量连接端子T11/2黄/蓝导线无对地短路现象,通过检测可确定故障原因应为J519内部出现问题。原因是J519近光灯控制线路处于失效工作状态,在预工作电压下,右前照灯近光能微弱闪亮,5s后无此工作电压,右前照灯近光便不再闪亮。

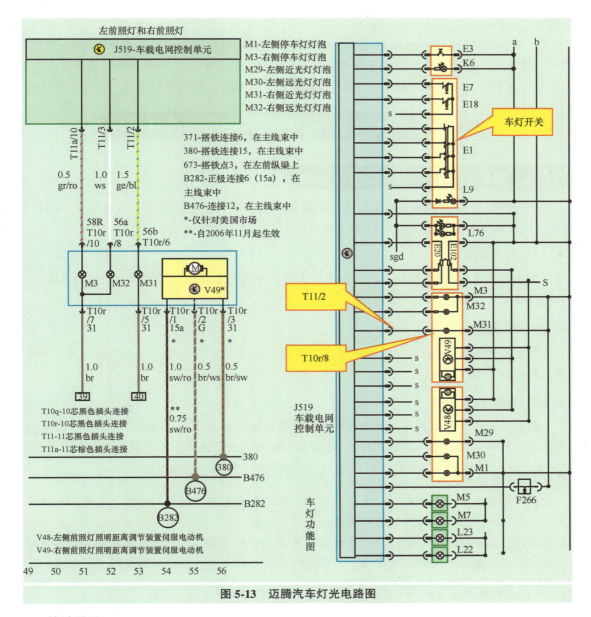

图 5-13 迈腾汽车灯光电路图

故障排除：

1）更换 J519 故障排除。测量前照灯插头输出端子，在打开前照灯时有 12V 电压输出，右前照灯近光灯开始正常闪亮。

2）但仪表板上仍有灯光警告提示，查询故障码有三个故障码存储，分别为刮水器控制和左右尾灯 M4、M2 电路中有电器故障。

3）新更换的 J519 与原车 J519 编码不同，导致新的故障码产生。分析 J519 长编码定义可知以下内容。

① 第一个字节 84 变为 8D，增加了安装后刮水器功能和安装后座椅识别系统选项，因喷水功能由 J519 控制实现，而此车无后刮水器功能，因此会出现 02398 后风窗玻璃清洗泵

触发断路/对地短路。

② 第24字节为19，对比原编码为00，增加了后尾灯的监控功能，而此车J519监控功能和此项不匹配，因此会出现左尾灯M4和右尾灯M2电路中有电器故障的故障码，因此仪表出现灯光警告。将长编码按原车J519的长编码重新编写，灯光警告消失，故障彻底排除。

项目三　汽车电动与电热装置电路识读与维修

一、电动刮水器和洗涤器电路识读

比亚迪G3汽车风窗玻璃刮水与清洗系统具有低速刮水、高速刮水、点动刮水、间歇刮水和清洗玻璃五种功能。其控制电路如图5-14所示。

◀（1）高速刮水

刮水器开关拨到HI档时，刮水器高速工作。此时电动机内电流流过电动机偏置电刷，电动机以高速运转。

◀（2）低速刮水

刮水器开关拨到LO档时，刮水器低速工作。此时电动机内电流通过电动机正对两电刷，电动机以低速运转。

◀（3）间歇刮水

刮水器和洗涤器开关拨到INT档时，刮水器间歇刮水（每6s工作一次）。刮水器电源接通后，内部电路工作，其触点每5s将插头B06的2端子接通电源一次，刮水器工作。

◀（4）停机复位

在刮水器上有一个停机自动复位开关，它保证刮水器停机时，刮水器片复位回到风窗玻璃下沿位置。当刮水器片回到风窗玻璃下沿位置时，刮水器停转，否则自动复位开关的触点接通，电动机通电继续转动，直到刮水片回到停放位置。当刮水器电动机转动到复位开关的触点接通后，电动机电路切断，停止转动。此时刮水片回到风窗玻璃下沿位置。

◀（5）点动刮水

刮水器和洗涤器开关MIST档为空档，刮水器处于停止工作状态。当驾驶人按下开关手柄时，刮水器工作情况与手柄在LO档时相同；当放开手柄，开关自动回到空档，实现点动刮水。

◀（6）清洗风窗玻璃

当驾驶人将刮水器开关置于"清洗"位置(WS档)时，洗涤器电动机通电。此时洗涤器液泵喷洒洗涤液，刮水器同时工作，如放松开关，洗涤器液泵停止喷水，刮水器复位，停止工作。

二、电动后视镜电路识读

以比亚迪L3车型的电动后视镜为例，其电路图如图5-15所示。电动后视镜主要由选择

模块五 汽车车身基本电器电路识读与维修

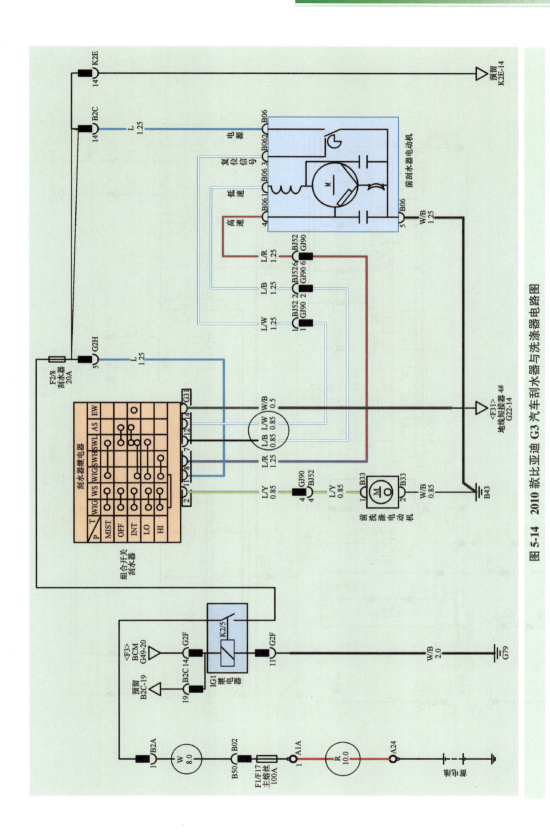

图 5-14 2010 款比亚迪 G3 汽车刮水器与洗涤器电路图

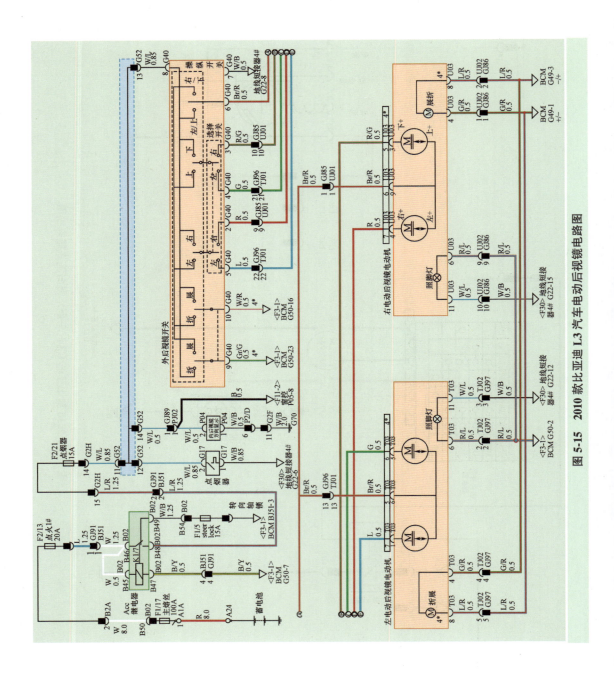

图 5-15 2010 款比亚迪 L3 汽车电动后视镜电路图

开关、操纵开关、电动机、传动机构和执行机构等组成。左右后视镜各带有进行左右方向调节、上下方向调节和伸展与折叠方向调节的三个电动机。

◀（1）后视镜方向左右调节

首先选择开关选择左后视镜或右后视镜，然后操作操纵开关接触左或右的调节点，此时形成电流通路，左右调节电动机中有电流流过，电动机产生的转矩带动后视镜向左或向右摆动。

◀（2）后视镜方向上下调节

首先选择开关选择左后视镜或右后视镜，然后操作操纵开关接触上或下的调节点，此时形成电流通路，上下调节电动机中有电流流过，电动机通过改变转动力方向的转矩，带动后视镜向上或向下摆动。

◀（3）后视镜伸展或折叠调节

电动后视镜伸展或折叠的调节功能通过BCM中央集控器控制，电动后视镜开关的9#、10#接到BCM的23#、16#，再由BCM的G49-1#、G49-3#输出控制信号到左右后视镜的两个执行器——展折电动机，当操作开关的伸展或折叠控件时，BCM控制展折电动机工作，此时形成电流通路，展折调节电动机中有电流流过，电动机通过改变转动力方向的转矩，带动后视镜折叠或伸展动作。

三、电动车窗电路识读

电动车窗控制系统主要由玻璃升降器电动机、电动门窗控制开关、门窗继电器和线路组成。以比亚迪L3车型电动车窗为例，其电路如图5-16所示。

当IG1继电器接通时（接BCM G49-20#），门窗继电器也随之接通，从蓄电池正极输出的经F1/17主熔丝与F2/22门窗熔丝的电流经过门窗继电器供电给四个电动门窗的升降电动机。

当操作左前、右前、左后或右后电动门窗开关时，可以通过控制电动机的供给电流的通断与方向来使车窗上升或降落。

左前电动门窗还有控制所有门窗闭锁或开锁的功能，当按下闭锁控件时，所有车窗都可以进行升降操作。闭锁控制线由左前控制开关端子的5#接到BCM G49-12#，开锁控制线由左前控制开关端子的8#接到BCM G49-13#。

四、电动天窗电路识读

汽车电动天窗由滑动机构、驱动机构、控制系统和开关等组成，电动天窗的开关由控制开关和限位开关组成。控制开关主要包括滑动开关和斜升开关。滑动开关有滑动打开、滑动关闭和断开（中间位置）三个档位。斜升开关也有斜升、斜降和断开（中间位置）三个档位。通过操作这些开关，可令天窗驱动机构的电动机实现正反转，在不同状态下正常工作。

限位开关主要是用来检测天窗所处的位置。限位开关靠凸轮转动来实现断开和闭合。凸轮安装在驱动机构的动力输出端。当电动机将动力输出时，通过驱动齿轮和滑动螺杆减速以后带动凸轮转动，于是凸轮周边的凸起部位触动开关使其开闭，以实现对天窗的自动控制。

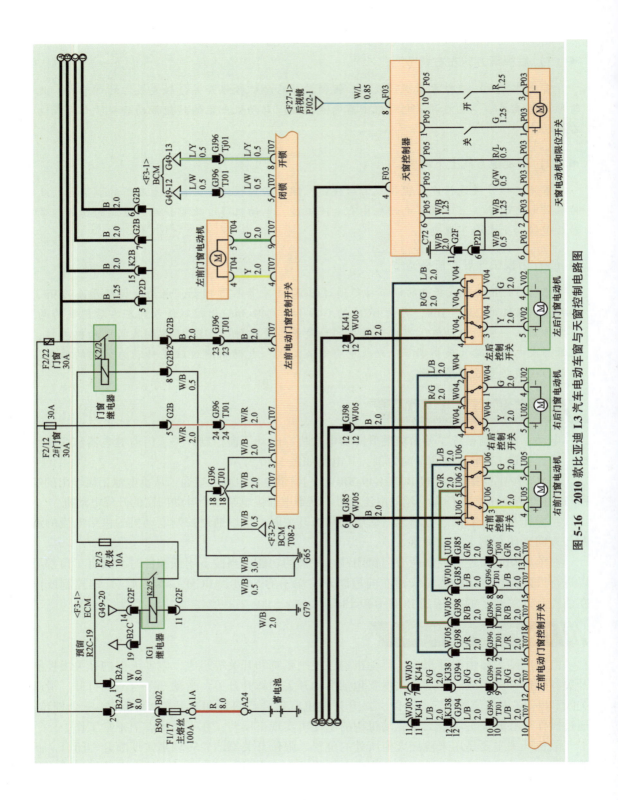

图 5-16 2010 款比亚迪 L3 汽车电动车窗与天窗控制电路图

控制系统是一个数字控制电路,并设有定时器、蜂鸣器和继电器等,其作用是接受开关输入的信息,通过数字电路进行逻辑运算,确定继电器的动作,控制天窗开闭。

以比亚迪 F6 车型的电动天窗为例,其控制电路如图 5-17 所示。

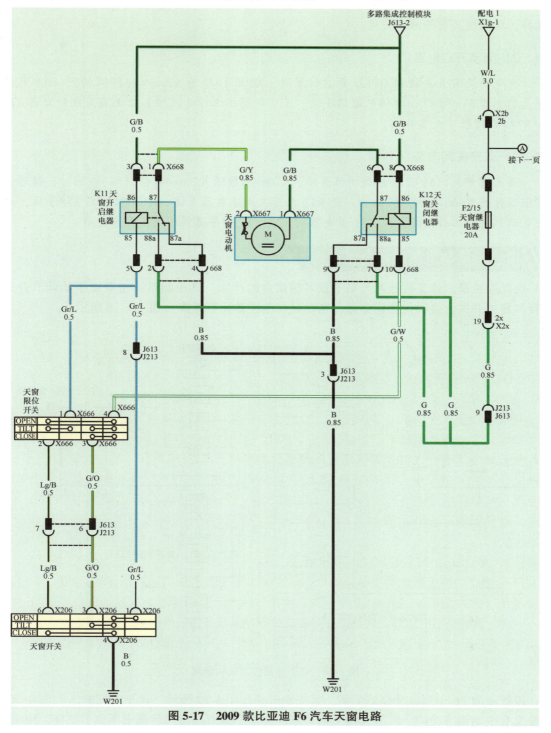

图 5-17　2009 款比亚迪 F6 汽车天窗电路

◁（1） 电动天窗电源电路

接通点火开关时，电动天窗供电经 F2/15 天窗继电器熔丝到 K11 天窗开启继电器和 K12 天窗关闭继电器，当这两个继电器导通后，电流流经天窗电动机，操作电动机顺转或反转，从而使天窗开启或关闭。

◁（2） 天窗开启电路

当电动天窗开关拨到 OPEN 开启位置时，X206-1#接通 X206-4#(搭铁端)，K11 天窗开启继电器 87#到 87A#的供电通路导通，天窗电动机工作电流经 K12 天窗关闭继电器 87#和 87A#到搭铁，天窗开启。

◁（3） 天窗关闭电路

当天窗开关拨到 CLOSE 关闭位置时，X206-6#接通 X206-4#(搭铁端)，同时，接通天窗限位开关 X666-2#和 X666-4#，使 K12 天窗关闭继电器导通。K12-88A#与 87#导通，天窗电动机得到工作电源，经 K11 继电器的 87#和 87A#导通到搭铁，天窗关闭。

五、电动与电热座椅电路识读

电动座椅是人体工程技术与电子技术相结合的产物。其控制系统主要由手动调节开关、储存和复位开关、各种位置传感器、电动机和电控单元等组成，如图 5-18 所示。

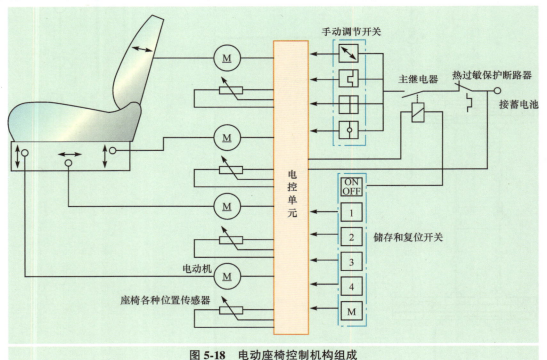

图 5-18 电动座椅控制机构组成

以比亚迪 F6 车型电动座椅为例，其控制电路如图 5-19 所示。该车的驾驶人侧与乘客侧座椅具有电动调节功能，驾驶人侧座椅可以前部上下调节高度与后部上下调节高度，座椅可

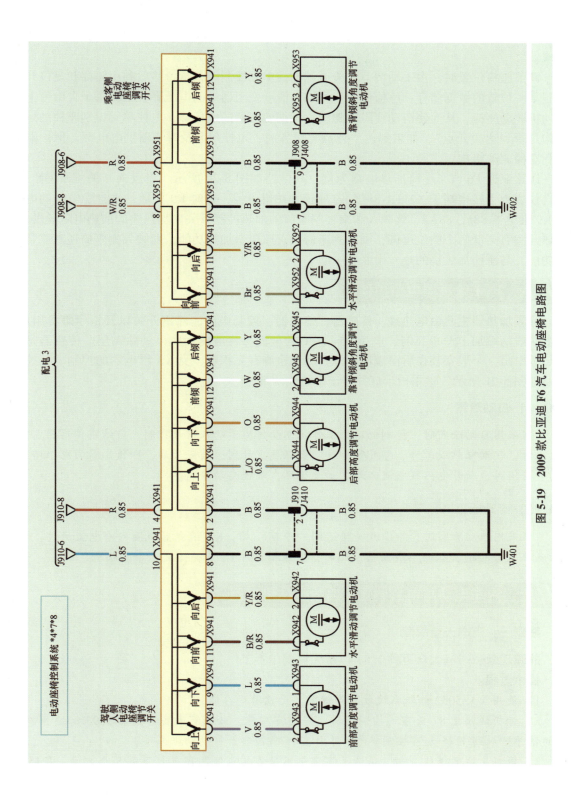

图 5-19 2009 款比亚迪 F6 汽车电动座椅电路图

以水平前后调节，座椅靠背可以前后调节倾斜度；乘客侧座椅侧只有水平方向前后调节与靠背倾斜度调节功能。**电动座椅调节电路由电动座椅调节开关、调节电动机和线路组成。**

调节座椅位置时，由手动调节开关通过电控单元控制调节量，然后利用储存和复位开关控制某一位置的数据储存；座椅位置信号取自滑动变阻器上的电压降。根据每个自由度上的电动机驱动座椅，从而使滑动变阻器随动，根据变阻器的电压降，电控单元识别座椅的运动机构是否到达"死点"，如果到达"死点"位置时，电控单元及时切断供电电源，保护电动机和座椅驱动机构。

以比亚迪 F6 汽车座椅加热电路为例，其电路如图 5-20 所示。当点火开关位于 ON 档，来自仪表板下转接端子 X211B-8#接 K9 座椅加热继电器，这时 K9 接通，来自配电 3 的电流经 K9 继电器 88#、88A#、驾驶人和乘客侧座椅的加热控制开关向加热垫的加热电阻丝供电。加热开关有高低两个档位可调，乘客侧座椅只有座椅垫加热功能，驾驶人侧座椅还有靠背加热功能，与座椅加热垫的热丝串联在一起。

六、电子除霜器电路识读

除霜加热器主要由**电热线、传感器、继电器、控制电路、除霜开关**以及**指示灯**等组成。在电热线两端加 12V 电压时，产生 25~39℃ 的微温，将玻璃加热以消除霜层。传感器是一种热敏电阻，一般安装在后窗玻璃下方，用以检测有无积霜，受 KA 继电器的控制。其控制电路如图 5-21 所示。除霜指示灯并接于电热线两端。

◀ （1）自动除霜

当采用自动除霜时，控制电路的工作状态受传感器输入信号控制。当结霜传感器电阻变小时，起动电热线工作，即开始加热。当温度上升到除霜完毕后，即传感器的电阻增大到一定值时，断开电热线电流回路。如此循环，实现自动除霜。

◀ （2）手动除霜

当采用手动除霜时，除霜开关接通到"手动"档，KA 继电器线圈内有电流通过，其触点 P 吸合接通，从而形成回路。此时，除霜指示灯 HI 点亮，显示除霜状态。

七、汽车电动与电热装置电路故障维修案例

案例一：汽车天窗故障

故障现象：一汽大众迈腾 1.8T 汽车天窗偶尔不工作。

检修过程：

1）使用 VAS5052 读取系统故障存储器，无故障码存储。

2）分析迈腾 1.8T 天窗的控制逻辑。若天窗工作，必须有天窗开关和 J393 舒适控制单元的信号输入到 J245 天窗控制单元，再由 J245 来控制天窗电动机工作。

3）根据上述的逻辑分析，认为天窗偶尔不工作的可能原因包括下列几个方面：J245 的供电与搭铁、天窗开关、J393 的输入信号、J393、J245 和天窗电动机、线路。

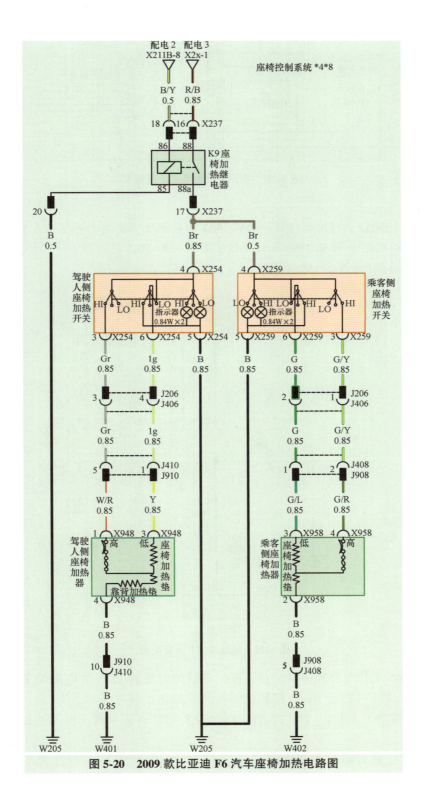

图 5-20 2009 款比亚迪 F6 汽车座椅加热电路图

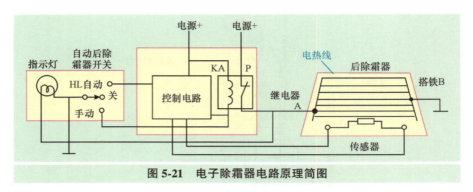

图 5-21　电子除霜器电路原理简图

故障分析：

1）使用 VAS5052，利用功能引导读取 J393 的数据块，读取测量值——天窗和车窗升降机解锁，结果显示"是"，说明 J393 允许通过天窗开关对 J245 进行控制。

2）根据电路图（图 5-22）进行检测。

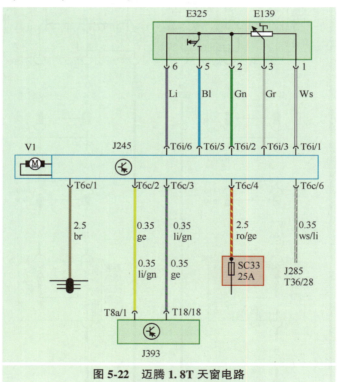

图 5-22　迈腾 1.8T 天窗电路

① 检查 J245 工作电源和搭铁。在天窗出现故障时检测 J245 的电源线 T6c/4 和搭铁线 T6c/1，T6c/4 始终是 12V，T6c/1 搭铁正常，说明 J245 的供电正常。

② 通过测量端子 T6l/1、T6l/2、T6l/3、T6l/5、T6l/6 来检测天窗天关和线束，测量结果显示正常。

③ 检测 J393 和 J245 的控制线束。

在点火开关打开时，测量正常车辆的 T6c/2 和 T6c/3 端子的电压。

T6c/2：12V。

T6c/3：12V。

在点火开关打开时，测量故障车辆 T6c/2，T6c/3 端子的电压。

T6c/2：12V。

T6c/3：0V。

根据电路图可知，T18/18 和 T6c/3 端子相连，T8a/1 和 T6c/2 端子相连。分析认为 T6c/3 这条线束或相关模块可能有故障。检测该线是否对地短路。检测 T18/18 端子线束侧电压也为零，说明问题可能出现在 J393 或线束插头本身。

拔下插头时，发现 T18/18 插针已退出，造成与 J393 插片不能良好接触，使得 12V 信号不能到达天窗电动机。将此端子重新安装到位，故障排除。

故障排除：重接处理 J393 线束 T18/18 插针，故障排除。

案例二：洗涤器故障

故障现象：一辆远景车，行驶 500km，换过三次刮水器熔丝，更换完熔丝后现场试验故障排除，但是车辆使用不久仍会出现此故障。

检修过程：

1) 接车后首先更换洗涤泵熔丝，然后反复试验故障不再出现。根据经验判断问题有可能会出现在车辆热状态或是部件热态。于是就连续操作洗涤泵开关，以便使洗涤泵电动机尽快达到热态，但故障总是不能出现。

2) 上路试车检验，上路后边行驶边操作洗涤泵电动机，车辆行驶约 30km 故障仍未出现，此时维修陷入僵局。

3) 决定在颠簸路面再次试车，刚刚进入颠簸路面操作洗涤泵时，洗涤泵突然停止喷水，于是停车检查发现洗涤泵熔丝已经烧断，再次更换此熔丝试车故障消失。为更准确检查问题，用一个 55W 灯泡替换刮水器熔丝，继续试车再次行驶颠簸路面 1km 时，操作洗涤泵时灯泡点亮，洗涤泵停止工作，松开洗涤泵开关时灯泡熄灭。此时可以断定问题出现在洗涤泵本身或相关线路上。将洗涤泵断开继续试车，操作洗涤泵开关时灯泡仍然会点亮，此时可以确诊为洗涤器开关至洗涤泵之间线束存在与车身负极断路部位。

4) 查阅电气原理图，发现此段线路是经仪表板内部通向洗涤泵。逐步排查至前围线束左侧固定架时，发现此处线路中一根蓝/黄线被压破，铜线外露（图 5-23），与电气原理图线

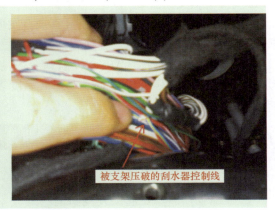

图 5-23　洗涤器控制线破损

束颜色对比发现此线正是洗涤泵控制线。

故障排除：将压破线路进行包扎固定，更换刮水器熔丝后故障彻底排除。

项目四 汽车组合开关与仪表电路识读与维修

一、汽车组合开关电路识读

以比亚迪 M6 车型的组合开关为例，其控制电路如图 5-24 所示。该车组合开关采用智能控制方式，集成了前后洗涤和刮水器信号开关、灯光信号控制开关的功能。具体各个功能电路的原理可参考照明与信号电路、电动与电热装置电路两节的内容。

组合开关控制系统的电源由多路集成控制模块（MICU）控制 IG1 主继电器 88#与 88A#电路的接通来供电到 G29-6#。另一路经主熔丝、照明/CAN 模块/辅助电源熔丝、MICU 电源熔丝送到 G29-5#。

二、汽车仪表信号系统电路识读

以比亚迪 M6 车型仪表信号系统为例，其电路如图 5-25 所示。

1）所有的电气仪表都要受点火开关控制。在点火开关的工作档（IG1）、起动（ST）档与电源接通，在附件专用档（ACC）与电源断开。

2）各计分表的表头与其传感器串联，燃油表、冷却液温度表一般还串有仪表稳压器。

3）指示灯、警告灯常与仪表装配在一个总成内或在附近布置，它们与仪表一起同受点火开关的 IG1 档与 ST 档控制。在 IG1 档应能检验大多数仪表、指示灯、警告灯是否良好。**它们的电路接法可分为两种：一种是灯泡接点火开关电源线，外接传感开关；另一种接法是指示灯泡搭铁，控制信号来自其他开关的电源线端。**

4）汽车仪表常有电热式（有两根接线）、电磁式（三根接线：一根接点火开关电源线 IG 线，另一根接搭铁，还有一根接传感器）和机械式三种。目前逐步被电子仪表所取代。

M6 组合仪表供电分为两路，一路由 MICU 模块控制 IG1 主继电器，导通 88#、88A#，电流经 F2/31 开关二档电源熔丝送至 G24-38#，另一路经照明/CAN 模块/辅助电源熔丝、MICU 电源熔丝送至 G24-39#。

组合仪表内的 CPU 集成电路接收来自发动机与自动变速器控制模块（EMS）输入的发动机转速信号、车速信号、自动变速器档位位置信号，还有来自冷却液温度感应塞的冷却液温度信号及安全气囊系统、ABS、导航系统等的状态信号，这些信号经 CPU 处理后，或由驱动电路输出到转速表、里程表、冷却液温度表、燃油表以表盘指针式显示，或以各种 LED 指示灯点亮指示工作状态。

三、组合开关与仪表电路故障维修案例

案例一：吉利远景仪表线束被烧毁故障的维修

故障现象：该车在起动发动机时，驾驶室冒烟，仪表线束烧毁，更换新线束后故障排除，使用一个月后仪表线束又烧毁。

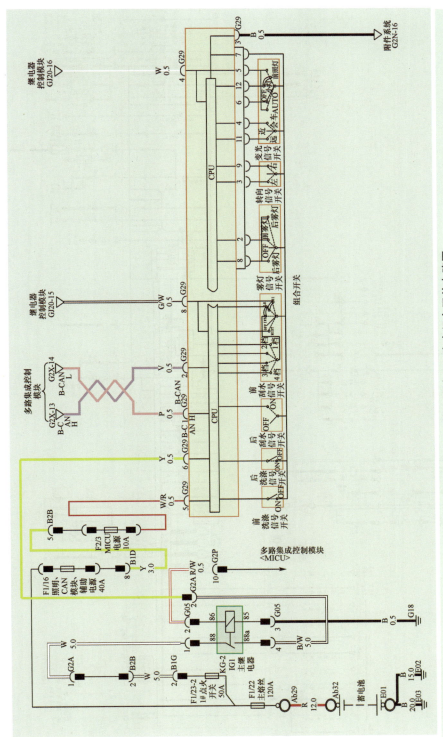

图 5-24 2011 款比亚迪 M6 汽车组合开关电路图

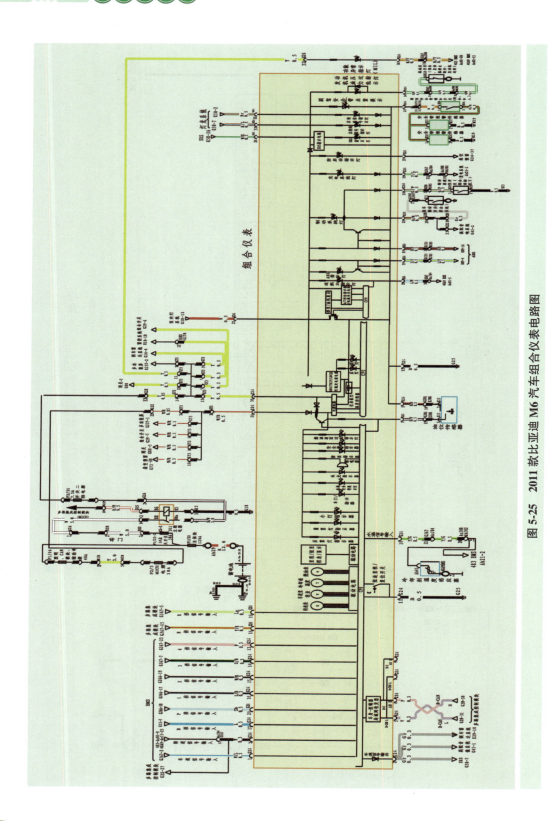

图 5-25 2011 款比亚迪 M6 汽车组合仪表电路图

检修过程：

1）拆下仪表线束检查发现线束的搭铁线烧毁（图 5-26），该线和仪表线束的其他搭铁线连接在一起，固定在仪表台的横梁上，该线和发动机线束连接的是车速传感器的搭铁线。

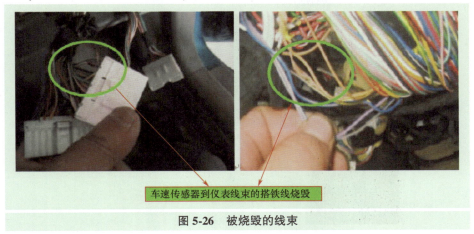

图 5-26　被烧毁的线束

2）起动时电流按图 5-27 红色箭头方向所示，当主搭铁线接触不良时，大电流通过车速传感器搭铁线，车身到蓄电池负极，造成仪表线束烧毁。

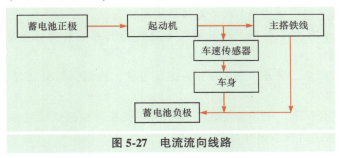

图 5-27　电流流向线路

3）出现该故障时，一定要分析原因才能彻底排除，图 5-28 所示为主搭铁线接触不良和折断的图片，蓄电池负极主搭铁线端部有热塑管包裹，在处理时要把热塑管割开。

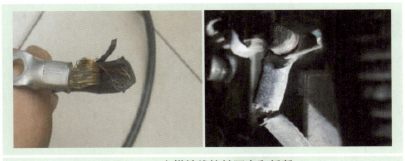

图 5-28　主搭铁线接触不良和折断

故障排除： 更换主搭铁线和仪表线束后故障排除。

案例二：吉利远景车型行驶中故障灯点亮的维修

故障现象： 该车行驶里程为 11823km，客户反映行驶中发动机故障灯亮而且维修过多次。

检修过程:

1) 连接检测仪读取故障码为 P0502-车速传感器无信号(图 5-29)。

图 5-29　读取的故障码显示

2) 车辆行驶时读取车速数据流显示为"0"。

3) 检测车速传感器,测量 A2 端子与搭铁间导通情况,正常。

4) 测量 A3 端子有 12V 电压,而且拆下车速传感器用手转动电压有 0.5~10V 的变化,说明车速传感器正常。

5) 再次读取数据流,将车以 20km/h 的速度行驶,检测仪数据流为 0,初步怀疑是组合仪表故障。

6) 更换新的组合仪表,查看数据流,车辆实际速度与检测仪速度相同,故障排除。

故障排除: 更换组合仪表试车后故障排除。

项目五　汽车音响电路识读与维修

一、汽车音响系统概述

汽车视听设备从最早的单调幅(AM)收音机,到后来具有调幅/调频(AM/FM)收音机到磁带录放机,到现在形成了具有多功能数字化高技术、大功率网络化的立体视听系统,它不仅可以收听广播、播放 CD,还可以播放下载的歌曲和电影,收看电视节目和网络游戏,为驾驶人导航等。音响系统的组成一般由天线、接收装置、声场修正、可听频率增幅、扬声器等五部分组成。系统组成框图如图 5-30 所示。

二、汽车音响电路识读示例

以比亚迪 F3/F3-R 车型音响系统为例,其电路如图 5-31 所示。其功能电路主要由 CD 转换器、音响系统和导航 ECU 的集成电路、扬声器电路、天线电路、蓄电池主电源及点火控制电源等组成。

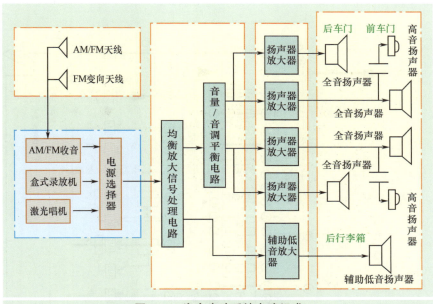

图 5-30　汽车音响系统电路组成

音响系统**通过接收、调制、放大本地区无线电台发射的 AM/FM 商用频率段无线电信号，提供音响方面的娱乐和信息**。电台发射的电磁波信号经过印刷天线后，感应生成微弱的电流调制信号并通过天线放大器和电缆传送给收音机，收音机将接收到的微弱信号调制并放大成较强的电流信号，传送到扬声器，扬声器将强的电信号转化为空气的振动，从而将无线电台广播信号还原成声音。用户可以选择其他类型的音响系统，如盒带、CD 或 VCD 等声音图像兼有的设备。无论使用何种类型的媒体类型，音响系统零部件都能将车内扬声器再现的音响信号放大和调整，以适合车内乘员的个人喜好。

本音响系统抗无线电干扰抑噪措施主要是通过收音机内部电路抑制无线电频率干扰和电磁波干扰。外部措施有：

- 天线放大器外壳搭铁
- 收音机外壳搭铁
- 发动机与车身搭铁
- 采用电阻式火花塞
- 采用无线电抑噪型次级点火线圈。

音响系统的扬声器直接与音响系统总成相连，得到音频信号；有左前高音、右前高音、左前低音、右前低音、左后、右后共六个主音响扬声器。这六个扬声器既作为音响系统的外放音频输出，也作为导航系统语音音频的输出。

三、汽车音响电路故障维修案例

故障现象：一辆大众速腾音响系统正常工作时，拔掉车辆点火钥匙后音响不能自动关机。偶尔在车辆正常使用时，快速转动转向盘或开前照灯、运转鼓风机，会引起正常工作的音响停止工作。

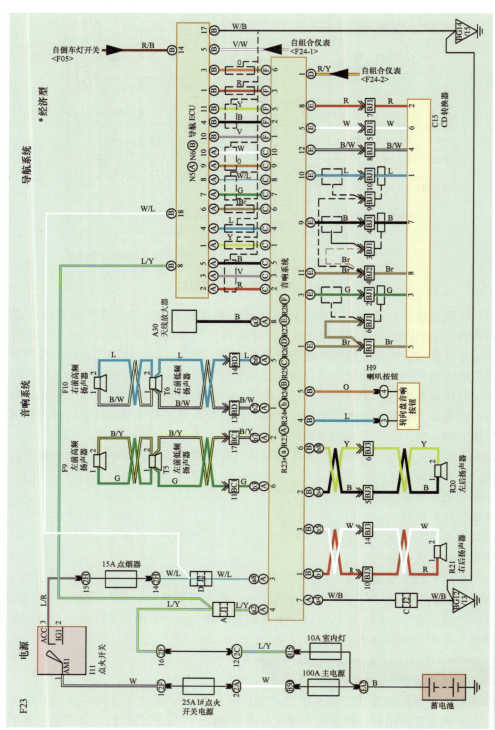

图 5-31 2010 款比亚迪 F3/F3-R 汽车音响系统电路图

检修过程：

1）使用 VAS5052A 检查，网关列表没有收音机功能项。

2）拆检音响主机，发现该车辆配置的音响没有自诊断线。该车音响主机后有 13 个端子，其中音响扬声器占用八个端子，常电源和照明各占用一个端子，搭铁线占用一个端子，J527 控制单元占用一个端子，音响主机与 J527 连接的导线在音响连接端子上标有"S"标记，静音占用一个端子，如图 5-32 所示。

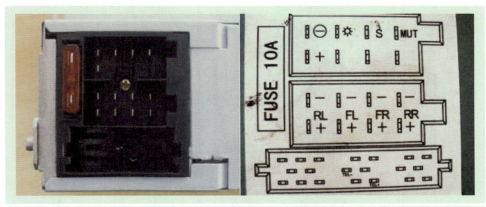

图 5-32　收音机背面插头示意图

3）检查音响主机电源及搭铁，音响主机供电 T8x/7 电压正常，电压为 12.56V，音响主机搭铁 T8x/8 搭铁良好。

4）音响系统的执行器件扬声器能正常工作，线路连接正常。

5）音响主机 R 插头的 T8x/4 从音响主机背后插脚描述中得知为 S 端子，测得电压为 7V。按照电路原理分析，正常情况下该端子电压在点火钥匙插入情况下应为蓄电池电压，测量值与理论值不符。

6）音响主机 R 插头的 T8x/4 与 J527 的 T20d/9 连接，从 J527 模块端子描述中得知，与 J527 的 F 插座相配合的 T12/9 端子连接的导线被描述为 S 端子线。从电路基本原理分析，T12/9 与 T20d/9 应跨接，经测量，此两个端子之间短路，属于正常连接。

7）T12/9 端子经过点火开关 D 与 J527 的 T12/8 相连接，而 T12/8 正常情况下为 30 号线，为蓄电池电压。经测量 T12/8 端子电压为 12.56V，电压正常。

8）T12/8 端子 30 电压在经过点火开关至 T12/9 端子后降至 7V，此情况说明点火开关性能不良，如图 5-33 所示。

故障分析： 由于点火开关 S 触点电气性能不良，在车辆电气系统负荷发生变化时，点火开关 S 触点处的电压异常，导致音响系统工作不正常。

故障排除： 更换点火开关，故障排除。

维修总结： J527 的 F 插座为 16 针插座，电路图描述为 12 针插座，电路图第 76 页 J527 的 D 插座为 20 针插座，电路图对第 9 针的描述为未占用，实际为占用。

收音机电气性能说明：收音机（江苏天保，厂家代码：4EV）在判断 ON/OFF 状态时，电压值设在 8.1V。由于收音机供电电压不足，当电压低于 8.1V 时导致收音机死机，当电压高于 8.1V 时收音机又恢复工作。

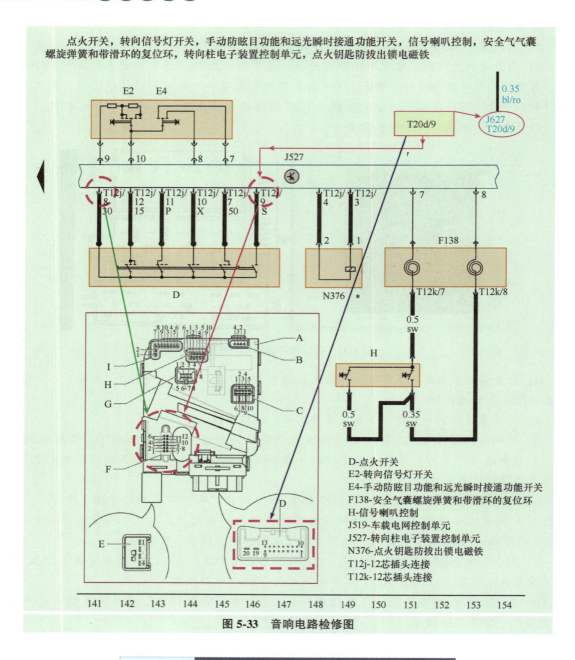

图 5-33 音响电路检修图

项目六　汽车手动空调电路识读与维修

一、汽车空调电路概述

汽车空调系统由**制冷系统**、**供暖系统**、**配气系统**和**控制装置**四大部分组成，如图 5-34 所示。

模块五　汽车车身基本电器电路识读与维修

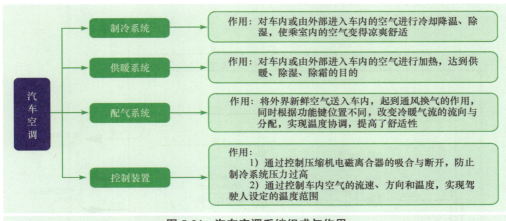

图 5-34　汽车空调系统组成与作用

制冷系统由**压缩机、冷凝器、储液干燥器、膨胀阀、蒸发器、冷凝器、散热风扇**和**制冷管道**组成。供暖系统由**加热器、水阀、水管**和**发动机冷却液**组成。配气系统由进气模式风门、鼓风机、混合气模式风门、气流模式风门和导风管等组成。控制装置包括点火开关、A/C 开关、电磁离合器、鼓风机开关及调速电阻器、各种温度传感器、制冷剂高低压力开关、温度控制器、送风模式控制装置和各种继电器。空调系统主要组成部件如图 5-35 所示。

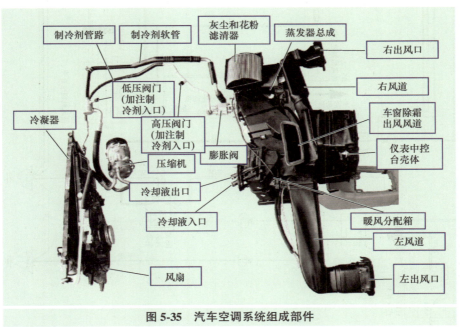

图 5-35　汽车空调系统组成部件

二、手动空调系统电路识读

以比亚迪 F3/F3-R 车型的手动空调为例，其电路如图 5-36 所示，由电源电路、电磁离合器控制电路、鼓风机控制电路组成。

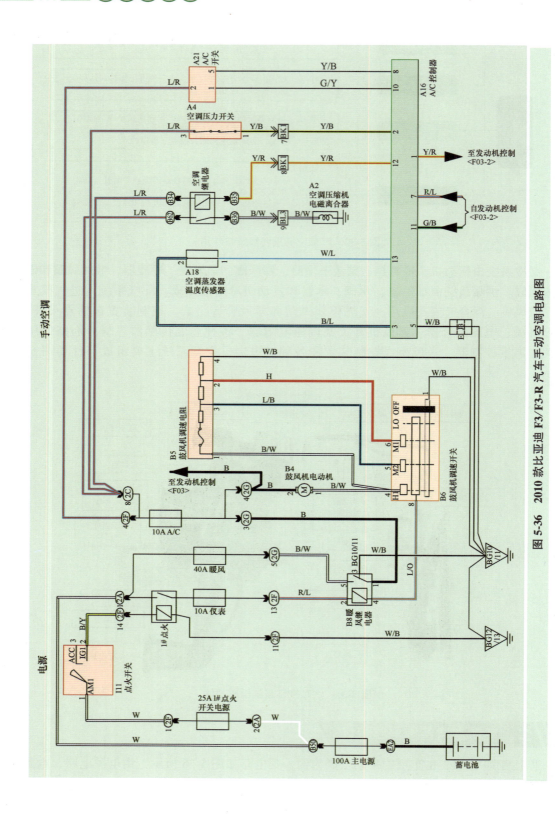

图 5-36 2010 款比亚迪 F3/F3-R 汽车手动空调电路图

◀ (1) 电源电路

当点火开关关闭(OFF)或电器供电(ACC)时，1#点火继电器线圈中无电流，空调系统没有供电，空调不能运行。当点火开关接通(IG1)时，点火继电器线圈通电，常开触点闭合，使空调继电器中的B8暖风继电器通电，触点闭合，接通鼓风机供电电路。

当空调继电器由A/C控制器起动时，常开触点闭合，由暖风继电器过来的供电经空调继电器送到空调压缩机电磁离合器，起动压缩机工作。

◀ (2) 电磁离合器控制电路

电磁离合器需要制冷时接通空调A/C开关，这时空调指示灯亮，还接通了新鲜空气风门电磁阀电路，使鼓风机强制通过蒸发器总成的空气总阀通风，蒸发器温度开关进一步控制怠速提升电磁阀和电磁离合器。低压开关串接于电磁离合器电路中，当高压侧压力低于0.2MPa时，低压开关触点断开，压缩机不能运转。

◀ (3) 鼓风机控制电路

鼓风机电路在主继电器接通情况下，鼓风机受鼓风机调速开关和A/C开关两路控制。鼓风机开关选择不同的档位时，可改变串入鼓风机电动机电路的调速电阻的阻值，从而改变鼓风机转速，获得不同送风强度的送风气流。而A/C开关和环境开关均接通时，鼓风机只能以低速送风。

三、手动空调电路故障维修案例

故障现象：一辆吉利远景车，排量为1.5L，行驶里程4598km，购车3个月后发现高速行驶冷却液温度指示高，并且空调制冷效果不好。

故障分析：

1）开空调状态下，用电脑检测仪读取数据流，冷却液压温度为95℃时电子风扇高速运转。

2）用电子红外温度计，检查散热器上下水管温度一样，说明节温器良好。

3）在怠速状态下，用空调压力检测表测量空调系统压力，结果发现低压高、高压高，说明系统压力工作不正常。

4）再次怠速运转该车，连接检测仪，冷却液温度在95℃时低速风扇开始运转，89℃时停止运转，但感觉运转时间较长。原地加速到2500r/min冷却液温度不断上升，但风扇一直在运转，用手感觉风扇吹出来的风温度很低。分析可能是散热器堵塞或者风扇反转，经检查确定风扇是在反转（图5-37），反接冷却风扇电动机连接插头后故障排除。

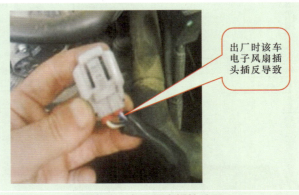

图5-37 电子风扇插接端子

出厂时该车电子风扇插头插反导致

故障排除：将冷却风扇插接器线束对调连接，故障排除。

模块六　汽车安全舒适系统电路识读与维修

项目一　汽车安全气囊控制电路识读与维修

一、安全气囊系统电路概述

安全气囊系统(SRS,Suplemental Restraint System)的中文含义是**辅助防护系统**，主要包括**碰撞传感器、气囊电脑ECU、安全气囊指示灯、气囊组件以及连接线路，气囊组件包括气囊、气体发生器以及点火器**等。在很多汽车的转向盘和仪表板右侧杂物箱上方都标有"SRS"或"AIRBAG"，表示有安全气囊安置在此处。其控制电路如图6-1所示。它是利用传感器检测碰撞信号，ECU根据传感器信号，并利用内部预先设置的程序不断进行计算和逻辑判断。当判断发生碰撞时，ECU立即发出点火指令引爆点火剂，点火剂引爆时使充气剂(叠氮化钠)受热分解，产生大量氮气向安全气囊充气，使气囊打开，达到保护人体的目的。

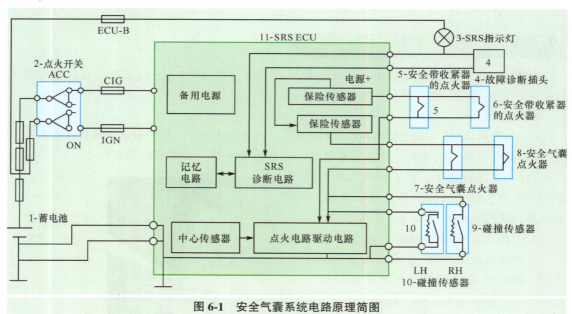

图6-1　安全气囊系统电路原理简图

二、安全气囊系统电路图识读示例

以比亚迪M6车型的安全气囊系统电路为例，其电路如图6-2所示。

在汽车行驶过程中，SRS ECM不断监测碰撞信号传感器检测的车速变化信号，判定是否发生碰撞。当判断结果为发生碰撞时，立即运行控制点火的软件程序，并向点火电路发出

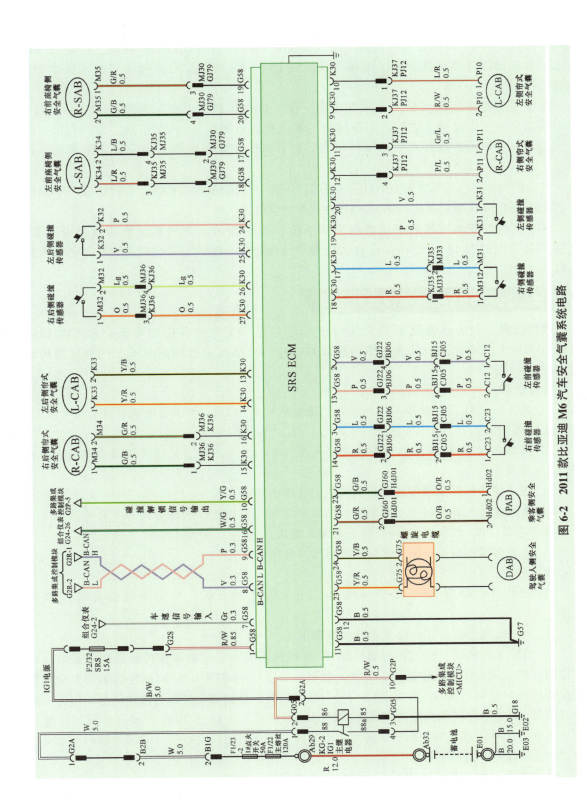

图 6-2 2011 款比亚迪 M6 汽车安全气囊系统电路

点火指令引爆点火剂，点火剂引爆时产生大量热量，使充气剂受热分解释放气体给气囊充气。除此之外 ECM 还要对控制组件中关键部件的电路不断进行诊断测试，并通过 SRS 指示灯和存储故障码来显示测试结果。仪表板上的 SRS 指示灯可直接向驾驶人提供 SRS 的状态信息。

碰撞传感器安装在驾驶人和乘客座椅下面，将汽车碰撞时的减速度输入 SRSECM，用以判定是否发生碰撞。它的作用是控制气囊点火器电源电路。M6 包括左前、右前、左后、左后、左侧、右侧共六个碰撞传感器。此外 SRSECM 还接收从组合仪表输入的车速信号。

气囊组件电路包括驾驶人侧 DAB、乘客侧 PAB、左后侧帘式 L-CAB、右后侧帘式 R-CAB、左前座椅侧 L-SAB 和右前座椅侧 R-SAB 共六个气囊电路。

SRS 指示灯安装在驾驶室仪表板面膜下面，用于指示安全气囊系统功能是否正常。气囊控制单元通过 16 端子和组合仪表电路控制器的 26# 相接，控制仪表内安全气囊指示灯。

三、汽车 SRS 电路故障维修案例

故障现象：大众迈腾汽车安全气囊指示灯点亮。安全气囊控制单元存储有故障码 01221（驾驶人侧侧面安全气囊碰撞传感器 G179）、01222（乘客侧侧面安全气囊碰撞传感器 G180）。

检修过程：

1) 用 VAS5051 清除故障码。开始只能清除故障码 01221；断开蓄电池接线后重新接上，清除故障码 01222。

2) 直线行驶 3~4km 后，仪表上安全气囊指示灯重新点亮，故障存储器存储 01221 和 01222 故障码。

3) 将碰撞传感器直接跨接至控制单元，故障未解决。

4) 更换安全气囊控制单元和驾驶人侧侧面安全气囊碰撞传感器（因为当时库存只有一个碰撞传感器，左/右零件编码一样），故障未解决。

5) 更换乘客侧侧面安全气囊碰撞传感器，故障排除。

故障分析：

1) 根据"检修过程"第 1~4 步和图 6-3 电路图分析，可排除线束和控制单元故障。

2) 两个碰撞传感器同时出现故障的概率很小。

3) 驾驶人侧侧面安全气囊碰撞传感器/乘客侧侧面安全气囊碰撞传感器间的关系是相互检测。即如果发生右侧碰撞时，驾驶人侧侧面安全气囊碰撞传感器/乘客侧侧面安全气囊碰撞传感器同时得到从右向左的碰撞信号。如果只有一个碰撞传感器有碰撞信号，但另一侧没有信号(例如乘客侧侧面安全气囊碰撞传感器检测到发生碰撞,但左侧没有检测到碰撞)，安全气囊控制单元就不能判断哪个传感器有故障，因此只能同时报错。此时故障码 01221 和 01222 应理解为"信号不可靠"。

故障排除：更换乘客侧侧面安全气囊碰撞传感器，故障排除。

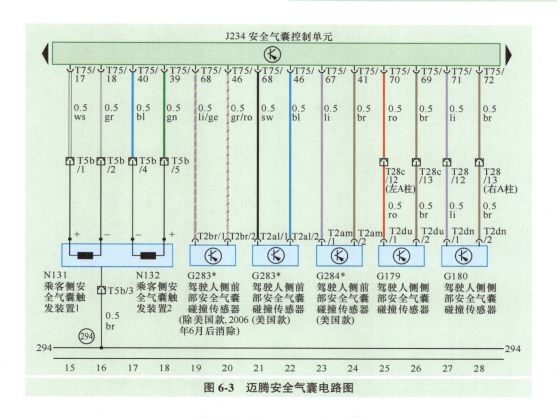

图 6-3 迈腾安全气囊电路图

项目二 汽车防盗系统电路识读与维修

一、汽车防盗系统电路概述

现代汽车配置的防盗系统,在有非法移动汽车或开启车门、油箱门、发动机舱盖、行李箱门、搭铁点火线路的动作时,防盗器会发出警报,灯光闪烁、警笛大作,同时切断起动电路、点火电路、燃油喷射控制电路,甚至自动变速器电路,使汽车无法使用。

以 2009 款一汽丰田皇冠车型的防盗系统为例,系统由**主车身 ECU、左右前后四个门锁总成、行李箱门锁总成、危险警告信号开关总成、门控灯开关总成、安全门控灯开关、阅读灯总成、高低音喇叭总成**和**防盗警报喇叭总成**组成,防盗系统电路组成如图 6-4 所示。

防盗系统用于防止侵入车辆和盗窃。如果 ECU 检测到试图侵入车辆或盗窃,即以下任一种情况发生时:强行进入车辆、强行打开发动机舱盖、解锁车门时未使用钥匙或断开并重新连接蓄电池负极端子电缆,则警报鸣响且危险警告灯闪烁。如果系统进入警报鸣响状态,则所有解锁车门自动锁止。此系统具有主动警戒模式,包括解除警戒、警戒准备、警戒状态和警报鸣响四种状态。

二、汽车防盗系统电路识读示例

汽车防盗系统分为两大部分,一为钥匙防盗,一为车身防盗警报,前者从发动机起动控制来达到防盗的目的,后者通过车身侵入警报来防止汽车被损或被窃。

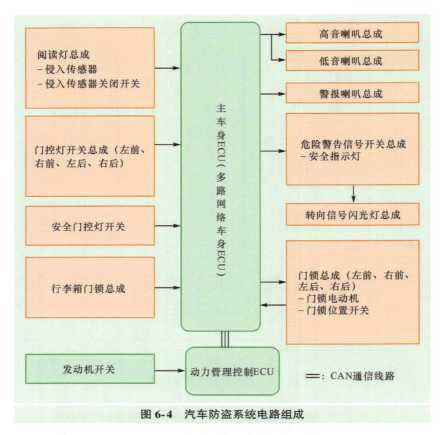

图 6-4 汽车防盗系统电路组成

钥匙防盗系统由点火钥匙、发射钥匙绕组、防盗模块、发动机电脑等组成。该系统都有一个带 ID 密码的点火钥匙，ID 密码由原厂指定且不能更改。发动机起动时要对 ID 密码进行识别，确认正确后才能正常起动。这种系统采用内置无线发射芯片的点火钥匙，当位于点火开关周围的发射钥匙绕组接受从点火钥匙发射芯片发出的 ID 密码信号时，防盗电脑判断其 ID 密码是否与存储的密码相匹配，如果匹配，发动机才能起动。

电脑防盗系统工作原理流程可分三步。

1) 点火钥匙发射电磁脉冲 ID 密码信号。点火钥匙打开，发射钥匙绕组产生变化的磁场，点火钥匙内置芯片内的电感小线圈感应电场，其感应的电场能被电容储存起来。电容存储的电能给 ID 密码电路供电，电感及电容组成的耦合电路将 ID 密码以电磁脉冲信号发射出去。

2) 点火钥匙与驻车防盗电脑的匹配。点火钥匙 ID 密码的电磁脉冲信号被发射钥匙绕组天线头感应接收，发射钥匙绕组产生电脉冲信号并送至驻车防盗电脑的放大电路。电脉冲经过放大后被送至驻车防盗电脑的 ID 密码比较电路，比较电路将此 ID 密码与 ID 密码存储电路存储的密码进行比较，如果相同则进入下一步。

3) 驻车防盗电脑与发动机电脑的匹配。发动机电脑向驻车防盗电脑发出一个联络代码，驻车防盗电脑经过辨认识别(匹配)后发出一个允许发动机正常起动的指令代码给发动机电脑。发动机电脑接收该指令信号，使正常的喷油、点火程序继续执行，发动机继续工作。发动机电脑如果接收不到防盗电脑的指令信号，将会自动切断喷油、点火程序，发动机自动熄火。

以北京现代悦动车型的钥匙防盗系统为例，其控制电路如图6-5所示。钥匙发射器天线绕组接至钥匙防盗模块的1号端子、2号端子，4号端子为记忆电源输入端，在点火开关位于ON档，经主继电器和ECU2熔丝输入。防盗模块的信号通过5号端子与发动机电脑PCM的75号端子连接。防盗模块3号端子为信号搭铁端连接到PCM的12号端子，PCM的69号端子为输出到仪表板的钥匙防盗信号指示灯控制端。

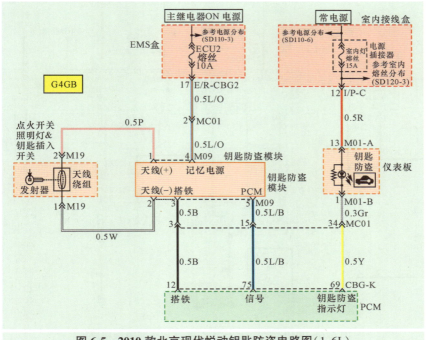

图6-5　2010款北京现代悦动钥匙防盗电路图（1.6L）

图6-6所示为北京现代悦动汽车遥控与防盗警报电路，BCM为车身集中控制模块，驾驶人侧与乘客侧车门还有左后、右后车门及发动机舱盖开关、行李箱盖打开开关等的开锁与闭锁信号输入到BCM，BCM检测这些信号的状态，当全部车门闭锁时BCM防盗警报功能启动。当门锁开关发出有未用钥匙强行撬锁或用非匹配钥匙开锁等信号时，BCM控制警报喇叭继电器、危险警告灯继电器通电，使防盗警报喇叭得到供电，使之处于报警状态。

当BCM接收到有盗车可能的信号时，M04-C的8号端子向喇叭继电器，M04-C的9号端子向危险警告灯继电器电磁线圈提供间歇的搭铁电路，使喇叭间歇鸣叫，前照灯闪烁。

三、汽车防盗系统电路故障维修案例

故障现象：一辆大众迈腾汽车打开点火开关仪表没有任何反应，指示灯不亮，车辆不能起动。

检修过程：车辆抛锚，将车辆救援回服务站后进行检查。因为打开点火开关后仪表没有任何反应，无法连接VAS5051。检查蓄电池电压正常，熔丝SC16、SC14及其他相关熔丝均正常，点火钥匙正常。应急连接端子15的供电断电器J329后，VAS5051可正常连接，检查各系统正常，没有故障码。

服务站在对车辆进行进一步检查后确认J764损坏，理由是当打开点火开关后，J764的

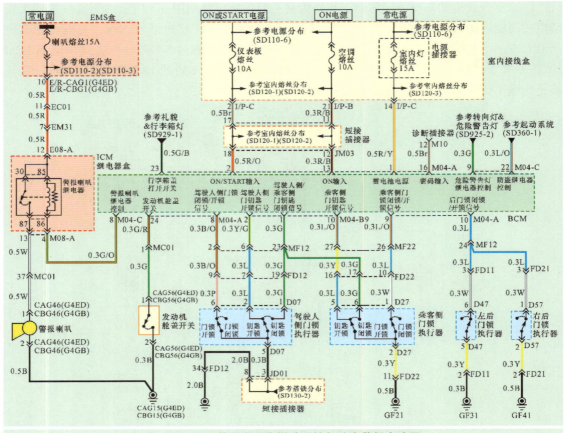

图 6-6　2010 款北京现代悦动遥控与防盗警报电路图

端子 T10K/6 没有正电输出，而当人为给该线供给一个正电的时候仪表显示正常。那么是否这样就能确定是 J764 损坏了呢？答案显然是否定的。因为当防盗系统没有识别到正常的点火钥匙，没有解除防盗时，J764 也不会输出正电！询问服务站有否检查过 E415 中的 S 触点的状态，有否确认防盗在插入钥匙后正常解除，回答是没有进行该两点检查。用 VAS5051 不能读取 S 触点的状态，询问经销商发现，该经销商的 VAS5051 使用的是 7.0 版本程序，在对 VAS5051 升级后，用引导功能查看 S 触点的状态，结果发现无论钥匙进出 S 触点都是断开的，显然是 E415 中的 S 触点出现了故障，更换 E415 故障排除。

故障分析：首先我们了解一下迈腾的防盗系统，如图 6-7 所示。

相关电路图如图 6-8 所示。

防盗器的释放过程如下所述。

1) 30 正电经 SC16 熔丝供给 E415 的 3 号端子。

2) 当钥匙插入时，E415 中的 P 触点断开（T16f/15），S 触点接合（T16f/16），供电给 J527 的 T20d/12。

3) J527 接收到该信号后，判定有钥匙插入，发送舒适总线唤醒信号和 S 触点已接合信号给 J393。

4) J393 通过串行数据总线到 J764 的端子 2 唤醒 J764。

模块六　汽车安全舒适系统电路识读与维修

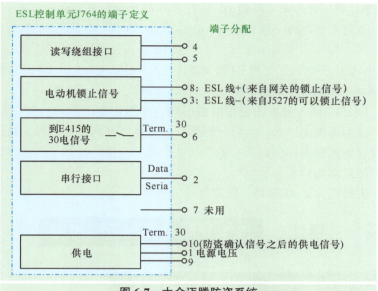

图 6-7　大众迈腾防盗系统

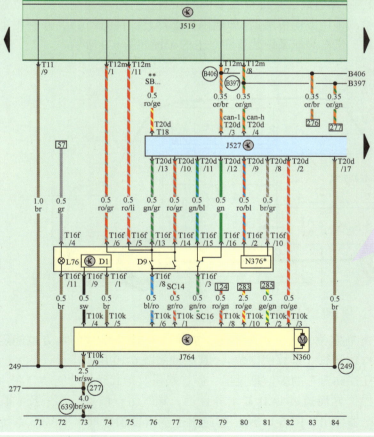

图 6-8　迈腾防盗系统电路

5) J764 读取 E415 中的读写绕组 D1 的数据并通过串行数据总线传递到 J393 进行钥匙的合法性识别，当判定钥匙为合法钥匙时，J393 输出正电到 J764 的 10 号端子，锁止电动机 N376 解锁。

6) J764 从 6 号端子输出正电到 E415 的 T16f8，然后从 E415 输出到 J519 和 J527 的相应端子接通 15 正电和 50 正电。防盗解除，车辆正常起动。

可以看出，E415 中的 S 触点闭合是防盗解除、车辆正常工作的首要前提，只有当 S 触点闭合时，车辆认为有钥匙插入，才会进行下面的一系列判别过程。当 S 触点不能正常闭合时，车辆认为没有钥匙插入，那么所有的后续动作均不会进行，15 正电和 50 正电不能被接通，当然也就不能正常起动了。

故障排除：更换点火开关 E415，故障排除。

项目三　汽车导航电路识读与维修

一、全球定位系统（GPS）导航系统电路概述

汽车导航系统主要由 **GPS 接收天线、GPS 接收机、ECU、液晶显示器以及位置检测装置**（绝对位置检测和相对位置检测）等组成。系统根据不同的位置进行分类检测，绝对位置的检测采用 GPS，相对位置的检测采用方向传感器（如地磁传感器、光纤陀螺仪），并利用车轮转速传感器测量车辆行驶距离。汽车导航系统装置在车上的布置如图 6-9 所示。

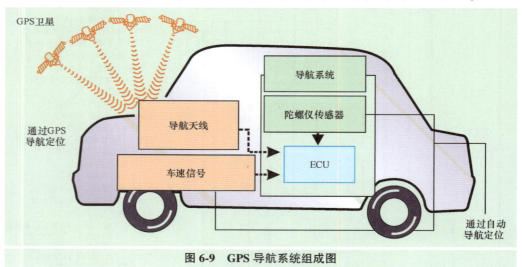

图 6-9　GPS 导航系统组成图

上图的导航模式称为 GPS 导航定位，为了让汽车在不能接收到 GPS 信号的地方也能定位，往往还结合另一种方式：自动导航（推算法定位）。其原理如图 6-10 所示。

现代汽车的卫星导航系统往往和汽车的多信息显示、影音娱乐及车载通信功能结合在一起使用，其影像或地图及其他操作界面通过 LCD 显示屏显示，导航语音信号、音乐及 FM、电话通话等信号则由各音响扬声器传出，图 6-11 所示的应用于本田思铂睿汽车上 GPS 系统即是如此。

模块六　汽车安全舒适系统电路识读与维修

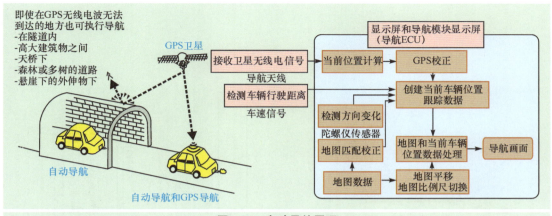

图 6-10　自动导航原理

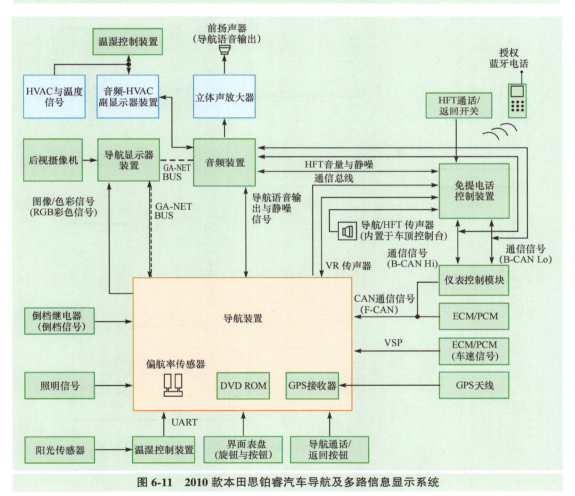

图 6-11　2010 款本田思铂睿汽车导航及多路信息显示系统

二、GPS 导航系统电路识读

以东风本田思铂睿车型的 GPS 导航系统为例，其电路图如图 6-12 所示。导航系统可使

121

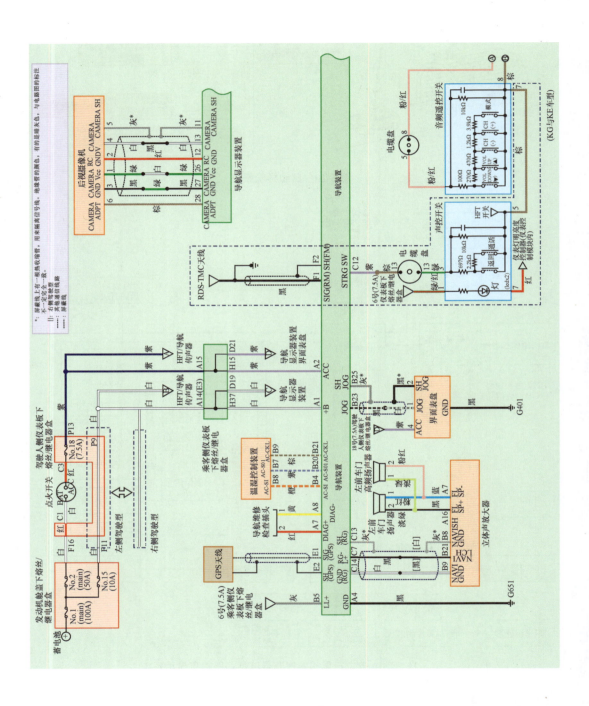

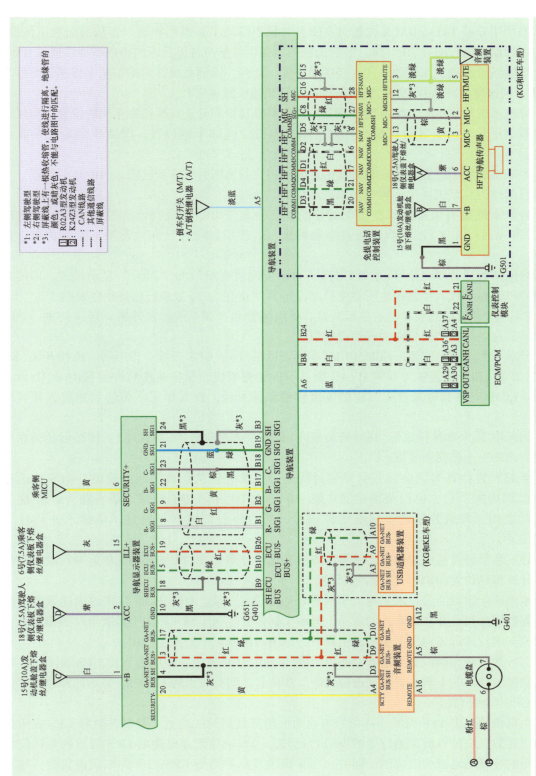

图 6-12 2010 款东风本田思铂睿汽车导航系统电路图

用语音控制音频和 CD 播放器。导航系统利用 GA-NET 总线与音频装置的声控命令进行通信。当使用导航 TALK/BACK 按钮时，所有的扬声器均不发声而导航声音从前面通道传出。当使用导航或例行向导（RG）时，前部的扬声器提供导航声音而后面的扬声器继续播放音频。

导航系统能确定车辆的纬度、经度和高度。此外，探测系统转向的偏航率传感器信号与 PCM 车辆速度脉冲信号（VSP）使系统保持车辆旅途中的速度和方向。

导航系统的优点是自带或配备 GPS。例如系统自带部分能持续追踪车辆的位置，即使不能接收卫星信号。当导航系统打开时，GPS 能持续追踪车辆位置，即使车辆通过轮渡运输时。

导航系统利用位置、方向和速度信息显示相应的地图并计算到已输入目的地的路线。当到达目的地时，系统提供音频和视频提示。

导航系统也有语音辨识，实现对导航、音频和气温功能进行语音控制。转向盘上的 TALK 和返回（BACK）按钮激活语音控制系统。语音控制同时允许对音频与温湿功能进行控制。

导航装置通过照明信号（前照灯打开）自动实现"夜间"和"白天"显示模式。即使当前照灯打开时，仪表控制模块明亮度控制设定为"全亮"，导航系统保持在白天模式。

GA-NETⅡ通信总线在导航显示装置、导航装置和音频系统部件间来回传递信息。总线传输的信息为导航装置导向的音频设定值。

导航系统由导航装置、ECM/PCM（车辆速度信号）、GPS 天线、传声器、声控开关（KG 与 KE 车型）和音频装置与音频 HVAC 副显示屏装置组成。车辆速度脉冲信号由 ECM/PCM 发送。ECM/PCM 接收来自于对应的速度传感器信号后，将其加工并传输到速度表和其他系统。

偏航率-横向加速传感器（在导航装置内）探测车辆方向变化（角速度）。传感器是插在导航装置内的一个振荡回转仪。

导航装置计算车辆位置并引导到目的地。导航装置执行地图匹配校正、GPS 校正和距离微调功能。它也执行菜单控制功能、DVD-ROM 开启功能和解码语音指令。在这些控制功能内，导航装置产生导航图像信号，然后将它传输到导航显示屏显示并使音频装置发声。

导航装置通过接收偏航率传感器的方向变化信号和 ECM/PCM 车辆速度脉冲行驶距离信号，计算车辆位置（驾驶方向和当前位置）。

地图匹配微调通过显示道路上车辆所处地图位置完成。DVD-ROM 传来的地图数据与车辆位置数据比较，并在最靠近的道路上显示车辆位置。当车辆在地图上没有显示的道路上行驶时或车辆位置远离地图上显示的道路时，地图匹配微调不能发生作用。

GPS 微调将车辆位置显示为 GPS 表示的车辆位置时完成。导航装置将 GPS 表示的车辆位置数据与计算的车辆位置数据进行比较。如两者之间有较大的差异时，显示的车辆位置调整到 GPS 车辆位置。

距离微调减少 VSP 行驶距离信号与地图上距离数据间的差值。导航装置将 GPS 表示的车辆位置数据与计算的车辆位置数据进行比较。当车辆位置总是超前 GPS 表示的车辆位置时，导航装置随之减少微调值，同时，当车辆位置总是落后 GPS 表示的车辆位置时，导航装置增加微调值。

项目四　倒车雷达电路识读与维修

一、倒车雷达电路概述

倒车雷达系统也叫驻车/泊车辅助系统，在目前生产的汽车上配置很普遍，据其功能不同，一般有只提供倒车距离报警信息和同时提供倒车影像信息两种，像上面导航系统中综合的倒车影像系统便是后者。这里主要讲讲大多数汽车装用的普通倒车雷达。

汽车倒车安全装置有声纳（超声波）倒车安全装置和雷达倒车安全装置之分。因雷达安全倒车装置造价高，所以目前多用声纳倒车装置。

◀（1）系统的组成

以奥迪 A6 汽车为例，倒车安全报警系统有四个声纳传感器，均匀分布安装于汽车后保险杠上未喷漆的部位内。声纳传感器既是执行元件又是传感器，既发射信号，也接收信号。控制单元向四个传感器发出四个命令，传感器既发出超声波同时又接收超声波的回波。

在声纳传感器内，回波信号被转换成数字信号，并将其传递到控制单元，控制单元根据回波的传播时间计算出与障碍物的距离。声纳传感器由一个无线电收发单元和一个整理器构成，整理器将回波信号转换成数字信号传递给控制单元。其系统如图 6-13 所示。

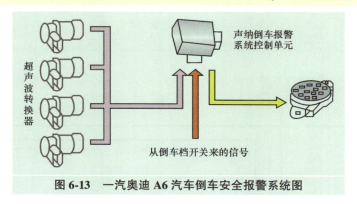

图 6-13　一汽奥迪 A6 汽车倒车安全报警系统图

◀（2）工作原理

1）当挂车倒车档时，倒车安全警报系统即开始工作，发出"嘟嘟"的声音表明该系统状态良好。

2）当车与障碍物相距 1.6m 时，可听见间歇警报声。离障碍物越近，声音越急促。如距离小于 0.2m 时，则连续发出警报声。警报声音间隔及音量用故障诊断仪设定。

二、倒车雷达电路图识读示例

以上海别克新凯越倒车雷达电路为例，其电路图如图 6-14 所示。在别克车系中，倒车雷达电路也叫驻车辅助系统，新凯越装用四探头（距离传感器）的驻车辅助系统。左传感器信号输入控制模块第 1 端子，左中传感器信号输入控制模块第 2 端子，右中倒车雷达信号输入控制模块第 3 端子，右倒车雷达信号输入控制模块第 4 端子，控制模块第 15 端子为所有倒车雷达传感器的信号搭铁端。控制模块工作电源在发动机起动/运行状态时通过仪表板下 F20 号熔丝经 C201 与 C206 插接器、驻车空档位置开关、C401 插接器进入控制模块 11 号端子。控制模块 24 端子为搭铁端。

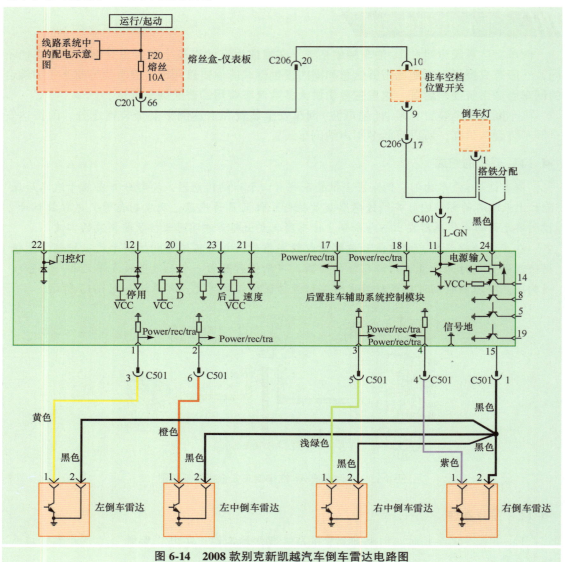

图 6-14　2008 款别克新凯越汽车倒车雷达电路图

项目五　汽车自动空调电路识读与维修

一、自动空调系统电路概述

自动空调系统由**控制面板**、**配气系统**和**电子控制系统**三部分组成。其中电子控制系统主要由传感器、ECU 和执行器组成，主要传感器及执行器如图 6-15 所示。

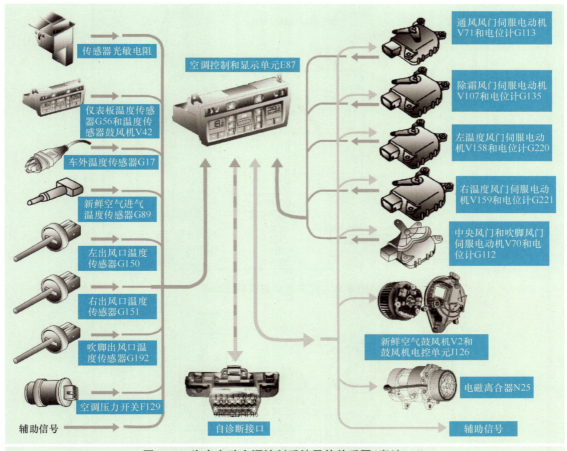

图 6-15 汽车自动空调控制系统元件关系图(奥迪 A6)

ECU 接收和计算各种传感器输入的信号,根据环境的变化输出控制信号,控制各执行器的动作。传感器信号包括车内温度传感器、车外温度传感器、阳光传感器等,驾驶人控制面板设定的温度信号和功能选择信号、各风门的位置反馈信号。

执行器控制信号包括控制风门位置的各种风门驱动信号、控制鼓风机转速的信号和控制压缩机工作的控制信号。

汽车自动空调系统组成如图 6-16 所示。

自动空调系统的基本电路(图 6-17)包括送风温度控制电路、鼓风机转速控制电路、工作模式控制电路、进气模式控制电路及压缩机控制电路等。

送风温度控制电路如图 6-18 所示。ECU 根据传感器(车内温度传感器、车外温度传感器、阳光传感器、设定温度及蒸发器温度传感器等)信号,计算出空气混合风门的理论位置,通过控制空气混合风门伺服电动机来控制空气混合风门的位置。同时空气混合伺服电动机内的电位计检测空气混合风门的实际移动速度和位置并将此信号反馈至 ECU 以进一步控制空气混合风门伺服电动机。

当 ECU 根据传感器信号接通 VT_1 断开 VT_2 时,伺服电动机电路接通并带动空气混合风门移向 COOL 侧,降低送风温度。当电位计测得的风门实际位置达到 ECU 计算的理论位置

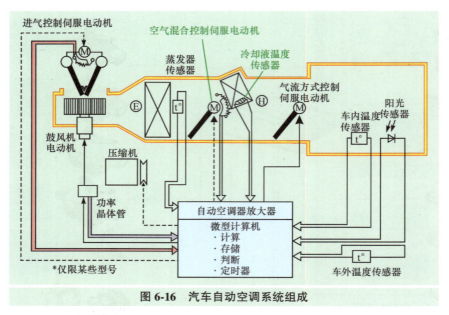

图 6-16 汽车自动空调系统组成

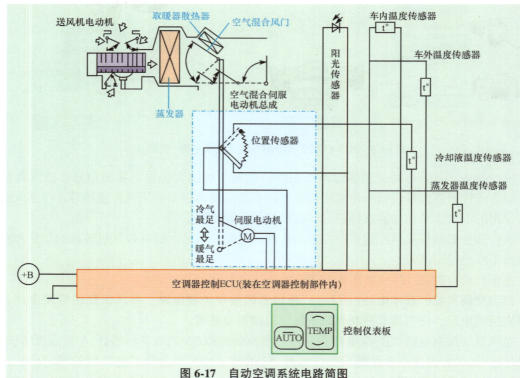

图 6-17 自动空调系统电路简图

时，ECU 关断 VT_1，伺服电动机停转，空气混合风门保持在此时的位置。

当 ECU 根据传感器信号接通 VT_2 断开 VT_1 时，伺服电动机电路接通并带动空气混合风门移向 WARM 侧，提高送风温度。当电位计测得的风门实际位置达到 ECU 计算的理论位置时，ECU 关断 VT_2，伺服电动机停转。

鼓风机转速控制电路如图 6-19 所示。ECU 接通 VT_1，鼓风机继电器通电闭合，电源 +B→鼓风机继电器→鼓风机电动机→低速电阻→搭铁。鼓风机低速运转。ECU 同时控制面板 AUTO（自动）指示灯和 LO（低速指示灯）亮。

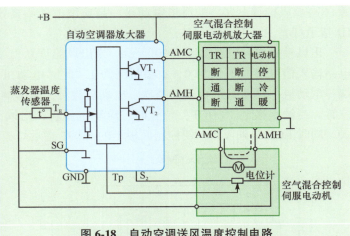

图 6-18 自动空调送风温度控制电路

ECU 接通 VT_1，鼓风机继电器通电闭合，ECU 输出鼓风机驱动信号至调速模块功率晶体管，功率晶体管改变流至鼓风机的电流，使鼓风机中速运转。其控制回路为电源 +B→鼓风机继电器→鼓风机电动机→低速电阻和功率晶体管→搭铁。同时，ECU 从功率晶体管的集电极接收反馈信号，检测鼓风机实际转速，用来修正鼓风机的驱动信号。此时控制面板 AUTO（自动）指示灯亮，根据鼓风机转速相应 LO（低速）、M1（中 1）、M2（中 2），HI（高速）指示灯亮。

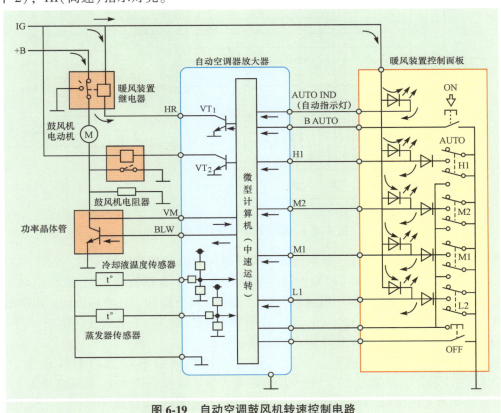

图 6-19 自动空调鼓风机转速控制电路

ECU 接通 VT_1 和 VT_2，鼓风机继电器和高速继电器闭合，鼓风机高速运转，其回路为电源+B→鼓风机继电器→鼓风机电动机→高速继电器→搭铁。同时控制面板 AUTO 指示灯和 HI 指示灯亮。

出风模式控制电路如图 6-20 所示。当出风温度从低变至高时，ECU 接通 VT_1，使驱动电路输入信号端 B 搭铁为 0，A 端断路为 1。此时电动机电路接通：电源+B→驱动电路 D 端→电动机→驱动电路 C 端→搭铁。电动机旋转，内部触点由"FACE"位置移向"FOOT"位置。当触点移至"FOOT"位置时，电动机停转，出风方式由 FACE 方式转变为 FOOT 方式。同时 ECU 接通 VT_2，使控制面板上的 FOOT 指示灯亮。

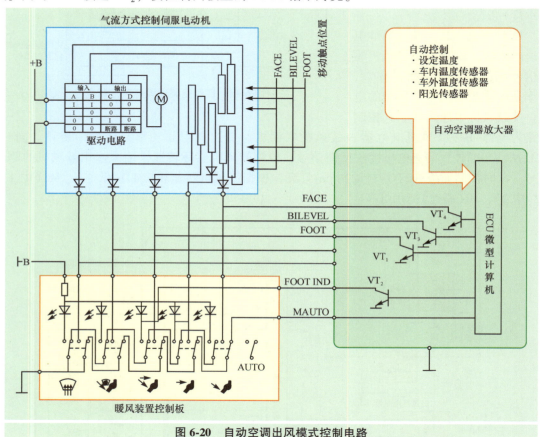

图 6-20　自动空调出风模式控制电路

当出风温度从高变至中时，原来气流方式控制伺服电动机内的移动触点位于"FOOT"位置。ECU 接通 VT_3，使驱动电路输入信号端 A 搭铁为 0，B 端断路为 1。此时电动机电路接通：电源+B→驱动电路 C 端→电动机→驱动电路 D 端→搭铁。电动机旋转，内部触点由"FOOT"位置移到"BILEVEL"位置，电动机停转，出风方式由 FOOT 方式转变为 BILEVEL 方式。同时控制面板上的 BILEVEL 指示灯亮。

当出风温度从中变至高时，原来气流方式控制伺服电动机内的移动触点位于"BILEVEL"位置。ECU 接通 VT_4，使驱动电路输入信号端 A 搭铁为 0，B 端断路为 1。此时电动机电路接通：电源+B→驱动电路 C 端→电动机→驱动电路 D 端→搭铁。电动机旋转，内部触点由"BILEVEL"位置移到"FACE"位置，电动机停转，出风方式由 BILEVEL 方式转变为 FACE 方式。同时控制面板上的 FACE 指示灯亮。

在自动模式中，进气风门一般有内循环、20%新鲜空气和外循环三种位置。ECU 根据传感器信号自动调节进气门位置，若车内温度为 35℃，进气风门处于 RECIRC（内循环）位置，以快速降温；若车内温度为 30，进气风门处于 20%新鲜空气位置，引进部分新鲜空气以改善空气质量；若车内温度为 25℃，进气风门处于外循环。另外，当手动按下 DEF 开关时，进气方式强制转变为 FRESH（外循环）模式。

进气模式控制电路如图 6-21 所示。伺服电动机端子 1 为电源线，当端子 2 搭铁时，进气风门应运行到内循环位置；当端子 3 搭铁时，进气风门应运行到新鲜空气位置。具体控制过程为：当 ECU 接通 FRE 晶体管时，触点 B 搭铁，电动机电流方向为蓄电池正极→点火开关→端子 1→电动机，触点 B→端子 3→FRE 晶体管→搭铁，电动机旋转并带动风门由 RECIRC 位置移向 FRESH 位置。

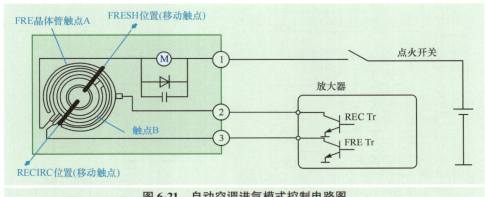

图 6-21 自动空调进气模式控制电路图

二、自动空调系统电路识读

汽车自动空调控制器 ECU 接收车内温度、太阳辐射强度、车外温度和发动机冷却液温度等信号，计算出经过热交换器后送入车内应该达到的出风温度。ECU 还控制混合空气气流和冷却液阀的开启和关闭，根据车内空气质量，通过调节进气风门位置，控制送入车内新鲜空气量。雷克萨斯汽车自动空调系统的控制电路如图 6-22 所示。

◀ (1) 通风系统各风门的控制电路

空气混合伺服电动机操纵空气混合风门开度，脚风门、除霜器风门及通风口风门由方式伺服电动机操纵；冷气最足风门由冷气最足伺服电动机控制；进气风门由进气伺服电动机控制。

◀ (2) 温度控制

温度控制原理如图 6-22 所示。输出温度的控制是以车内温度传感器、车外温度传感器、冷却液温度传感器、蒸发器温度传感器和阳光传感器的输入信号为基础进行的。

◀ (3) 风量控制

为了获得理想的车内温度，就必须要将经过空调处理的空气不断地吹向车内每个角落，这需要必要的风量。风量是送风机输送的。风量并不是越大越好，风量越大，送风机送风速度越高，风机噪声也越大。因此，必要时提供必需的尽量少的风量是最理想的。风量控制大致有 TAO 值风量控制、冷风关闭控制、暖风关闭控制三种方法。

◀ (4) 压缩机控制

ECU 通过控制电磁离合器的通、断动作来控制空调压缩机的运行。当通过蒸发器的空气中含有水分，蒸发器表面温度较低(3℃左右)时，蒸发器表面易结霜，这样将显著降低热交换率，使压缩机浪费动力。用蒸发器温度传感器测定蒸发器出口处空气温度，当该温度小于3℃时，关闭压缩机的电磁离合器，使压缩机停止运行，停止制冷剂工作，防止结霜。

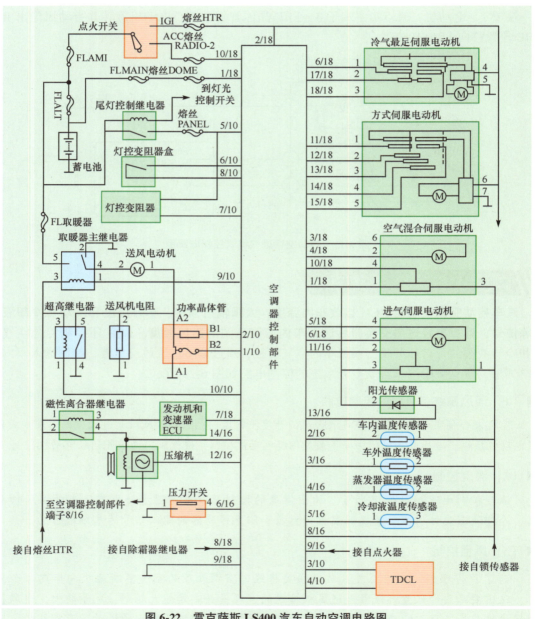

图 6-22　雷克萨斯 LS400 汽车自动空调电路图

三、自动空调电路故障维修案例

故障现象：一汽大众全新速腾车型开空调不制冷出热风，风向也不受控制。

故障诊断：

1) 试车发现偶尔左侧为热风，右侧为冷风，风向也不受控制，一直向风窗玻璃与脚下方向吹。

2) 连接诊断仪读取故障码：故障码如图6-23所示。

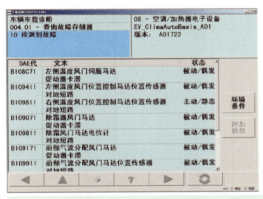 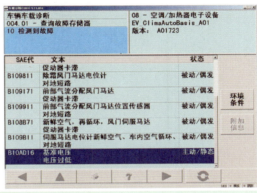

图6-23 故障码

3) 根据故障现象可以说明车辆本身空调制冷效果是正常的，然后根据故障码显示怀疑是空调控制单元损坏（故障不是常态性），因厂库没货故将试驾车空调面板装上反复试车，故障依旧。

4) 仔细查看电路图（图6-24）。所有伺服电动机共用T16/1这根导线，此线为伺服电动机供电线。万用表测量此线故障状态下为0V，正常情况下为5V电压，与故障码中的基准电压过低刚好符合。5V电压是J255提供，已排除J255本身故障，所以故障点：在线束或伺服电动机。

5) 伺服电动机与电动机线束大多在仪表台里面不便检查。在客户的同意后将仪表台拆下，在仔细检查后发现中央伺服电动机插头连接的线束被仪表台支架磨破。

故障分析：当线束搭铁短路时，控制单元处于保护模式无电压输出，所有伺服电动机不受控制面板控制，导致有热风，有冷风，风向乱吹的现象。

故障排除：修复线束重新固定，故障排除。

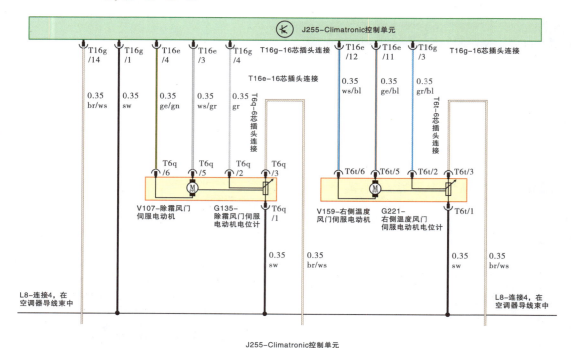
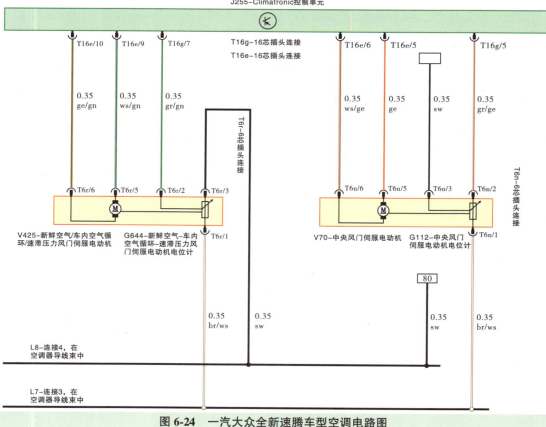

图6-24　一汽大众全新速腾车型空调电路图

项目六 汽车BCM控制系统电路识读与维修

一、中控门锁系统概述

这里主要介绍一下车速感应式中控门锁,该系统的作用是当车速超过某一预设值时,若车门未锁,就自动将车门锁定,从而提高行驶过程中乘员的安全性,并允许驾驶人侧座位旁边的门锁止或打开所有的车门。其电路如图6-25所示。

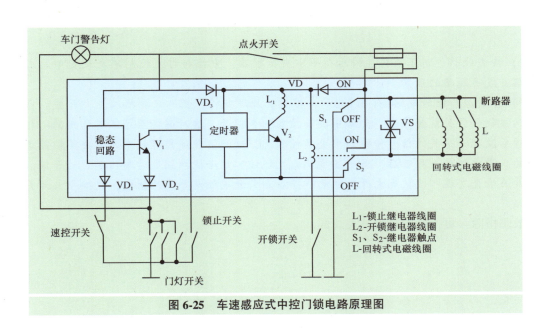

图6-25 车速感应式中控门锁电路原理图

接通点火开关,电流流经车门警告开关搭铁(若门未锁,则门灯开关接通),警告灯亮。若按下锁止开关,则定时器使晶体管V_2导通,在晶体管V_2导通期间,车门锁止继电器线圈L_1通电,车门锁止继电器S_1触点处于ON位置,门锁执行机构通过正向电流锁上车门。当按下开锁开关,则车门开锁继电器线圈L_2通电,车门开锁继电器S_2触点处于ON位置,门锁执行机构通过反向电流开启车门。若车门未锁,且行车速度低于10km/h时,置于车速表内的10km/h开关闭合,此时稳态电路不向晶体管V_1提供基极电流;当车速度高于10km/h时,速控开关断开,此时稳态电路给晶体管V_1提供基极电流,V_1导通,定时器触发端经V_1→门灯开关→搭铁,从而使V_2导通,车门锁止继电器线圈L_1通电,车门锁止继电器S_1触点处于ON位置,回转式电磁线圈L通过正向电流,将车门锁扣拉下,车门被锁止。

二、BCM系统电路识读示例

BCM车身集中控制系统以<u>中央集控器为中心</u>,集成了中控门锁控制、电动车窗控制、照明与信号系统控制、刮水器与洗涤器控制等控制电路,各单元电路的工作原理与前面讲过的内容是一样的。图 6-26 所示为吉利车系常用的 BCM 控制系统电路。

三、BCM 系统电路故障维修案例

故障现象:远景车型行驶里程为 32671km,该车关掉车门后用遥控器按住锁车键后车辆无反应,按住开锁键可以正常开启,只是没有锁车功能,用中控开关可以开关门锁。

故障分析:

1)首先检查该车的中央集控器、中控和灯光控制单元及支架总成,按住锁车键后中央集控器无反应,开锁时中央集控器有"咔咔"像继电器吸合的声音,怀疑是中央集控器内部故障,更换了中央集控器、中控和灯光控制单元及支架总成,试车故障依然存在。

2)检查线路,拆下前排座椅后拆下中央集控器、中控和灯光控制单元及支架总成,检查线路并没有断路的现象。

3)查看原厂维修电路图(图 6-27),根据其原理分析,钥匙只要插入点火开关,点火开关的忘拔钥匙开关就会导通,会给中央集控器一个信号,这时遥控器是不起作用的;相反钥匙拔掉后没有一个关的信号传输到中央集控器里,这时按住遥控器锁车时中央集控器是不起作用的。考虑到这一原理后,多次插拔钥匙发现该客户车拔掉钥匙时车门不自动开锁,拆下点火开关检查发现即使把点火开关钥匙拔掉后点火开关还是导通的状态,更换点火开关后故障排除。

故障排除:更换新的点火开关总成。

模块六　汽车安全舒适系统电路识读与维修

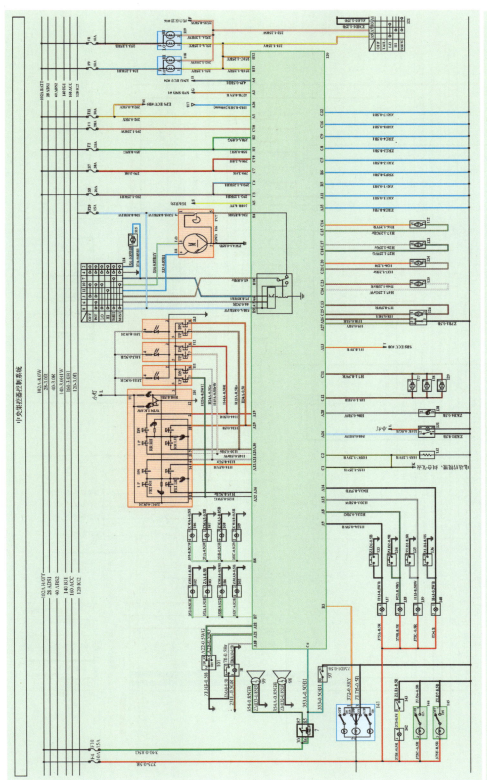

图6-26　吉利系列汽车BCM车身集成控制系统电路图（吉利自由舰车型）

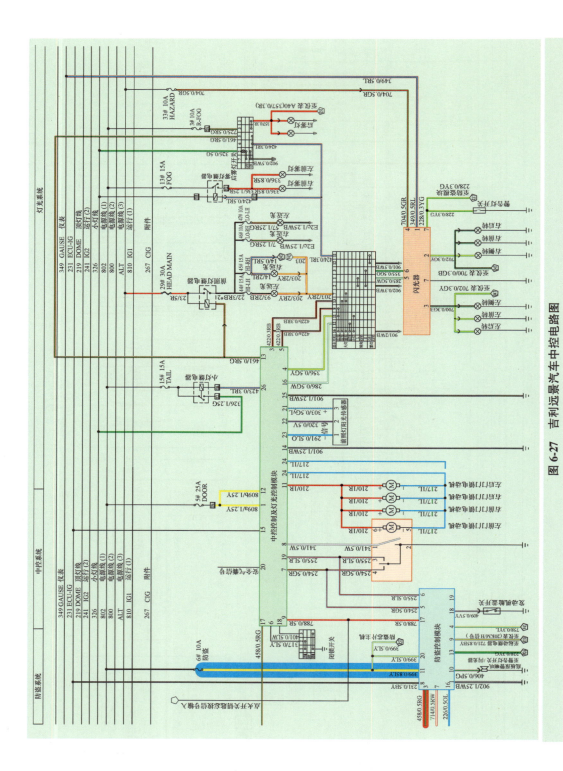

图6-27 吉利远景汽车中控电路图

项目七 汽车 CAN 总线电路识读与维修

一、汽车 CAN 总线电路概述

汽车总线指用车载网络把汽车全部电器组成一个电控系统。车上各系统共享输入信号，使传感器数量减少，线路也相应简化。联网协议包括 CAN（Controller Area Network）、LIN（Local Interconnect Network）和 MOST（Media Oriented Stems Transport）等多种。未来的汽车将布满网络，三网合一共存于同一汽车内。LIN 总线负责侧镜、天窗、车窗等控制，它的价格相对便宜，但运行速度较慢；CAN 总线负责发动机、ABS、安全气囊、仪表板、车身控制器、门锁和空调系统间的数据通信和控制；MOST 总线负责娱乐、导航和通信等设备的连接。

现代汽车典型的控制单元有发动机控制模块、变速器控制模块、多媒体控制模块、气囊控制模块、空调控制模块、巡航控制模块、车身控制模块（包括照明指示和车窗、刮水器等）、防抱死制动系统防滑控制系统等。完善的汽车 CAN 总线网络系统架构如图 6-28 所示。

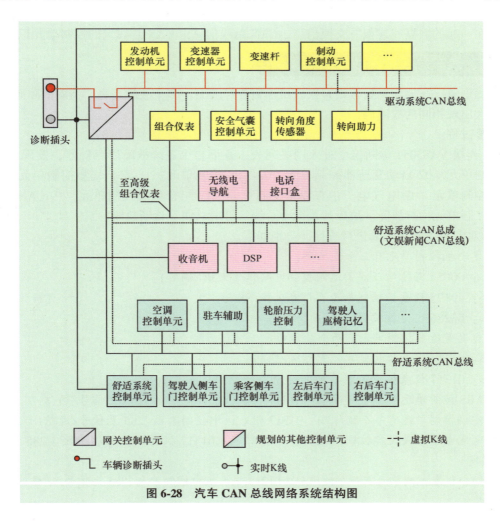

图 6-28 汽车 CAN 总线网络系统结构图

CAN 总线主要包括以下部件:CAN 控制器,CAN 收发器,CAN 总线数据传输线和 CAN 总线终端电阻。

1) CAN 控制器和收发器。在 CAN 总线上的每个控制单元中均设有一个 CAN 控制器和一个 CAN 收发器。CAN 控制器主要用来接收微处理器传来的信息,对这些信息进行处理并传给 CAN 收发器,同时 CAN 控制器也接收来自 CAN 收发器传来的数据,对这些数据进行处理,并传给控制单元的微处理器。CAN 收发器用来接收 CAN 控制器送来的数据,并将其发送到 CAN 总线上,同时 CAN 收发器也接收 CAN 总线上的数据,并将其传给 CAN 控制器。

2) 终端电阻。CAN 总线两端通过终端电阻连接,终端电阻可以防止数据在到达线路终端后像回声一样返回,干扰原始数据,从而保证了数据的正确传送。终端电阻装在控制单元内。

3) 数据传输总线。大部分车型都用两条双向数据线,分为高位(CAN-H)和低位(CAN-L)数据线。为了防止外界电磁波干扰和向外辐射,两条数据线通常缠绕在一起,且要求至少每 2.5cm 就要扭绞一次,两条线上的电位是相反的,电压的总和等于常值。

二、汽车 CAN 总线电路识读示例

以新宝来汽车为例,其 CAN 总线电路如图 6-29 所示。每两个控制单元间是通过两条双向扭绞在一起的数据线连接并交换信息,CAN 总线信息由 CAN 总线上的控制单元识别。

三、汽车总线电路故障维修案例

故障现象:车辆起动后,组合仪表机油警告灯闪亮,多个故障灯亮。清除故障码后,第二天再次出现相同的故障码。

检修过程:

1) 连接 VAS5051 诊断仪,进入网关列表,查询整个系统故障码存储器,发现在 01-发动机控制单元、02-自动变速器控制单元、03-ABS 控制单元、15-安全气囊控制单元、08-空调系统控制单元、09-电气电子中央设备控制单元、17-组合仪表控制单元、19-CAN 总线诊断接口控制单元均有故障。故障涉及动力总线、舒适总线、诊断总线。

2) 对各系统具体故障进行查询,分别如下。

01-发动机控制单元有三个故障码:

<1>:00053 涡轮增压器旁通阀控制电路信号太强(偶发)

<2>:49493 仪表板控制单元无信息交换(偶发)

<3>:53286 变速器控制单元 01

02-自动变速器控制单元有两个故障码:

<1>:01314 发动机控制单元无信号/通信

<2>:01317 仪表板中控制单元 J285 无信号/通信

03-ABS 控制单元有一个故障码:01317 仪表板中控制单元 J285 无信号/通信

08-空调控制单元有一个故障码:01317 仪表板中控制单元 J285 无信号/通信(偶发)

09-电气电子中央设备控制单元有一个故障码:01317 仪表板中控制单元 J-285 无信号/通信(偶发)

17-组合仪表控制单元有一个故障码:01317 仪表板中控制单元 J285 无信号/通信(偶发)

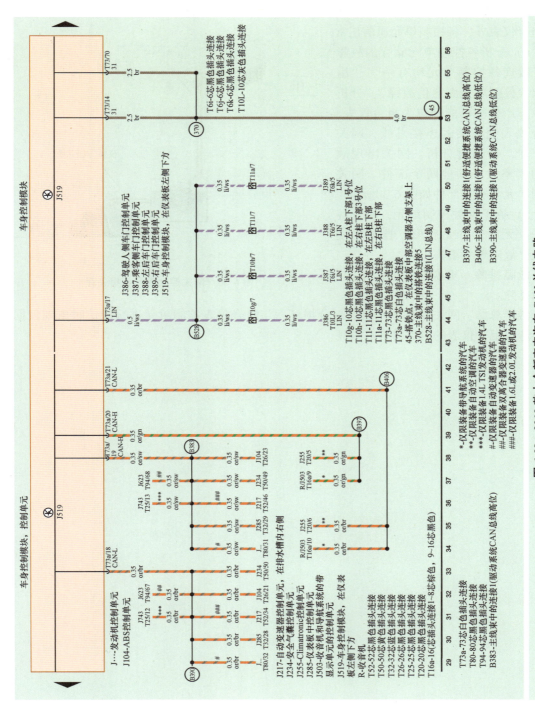

图6-29 2010款大众新宝来汽车CAN总线电路

19-CAN 总线诊断接口控制单元有一个故障码：01317 仪表板中控制单元 J285 无信号/通信(偶发)。

3）查询 19-CAN 总线诊断控制单元数据块 19-08-125，读取各控制单元工作状况，发现除组合仪表外，各控制单元通信正常。

4）分析各控制单元储存的故障码，发现各控制单元均有一个"组合仪表控制单元无通信故障"，分析此故障产生的可能部位为组合仪表、组合仪表到网关的连接总线、网关等三个。而通过分析，网关出现故障的概率大于其他两个部件。网关控制单元与相关部件如图 6-30 所示。

5）拆下网关控制单元，检查各端子，无腐蚀、无变形；尝试更换网关，故障现象消失。

故障排除：更换网关控制单元，故障排除。

维修总结：网关控制单元内部部分损坏，与组合仪表控制单元进行通信时出现数据偏差，造成组合仪表的机油警告灯闪亮。

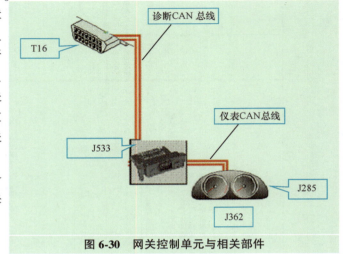

图 6-30　网关控制单元与相关部件

模块七　品牌汽车电路识读规范

项目一　大众、奥迪、斯柯达等汽车电路识读说明

一、导线颜色表示

大众、奥迪、斯柯达等汽车电路的特点是所有电路都是纵向排列，不折走（除极个别外）；采用断线代号法解决横向连线问题；在表示线路走向的同时，还表达了线路结构的情况；电线颜色采用直观表达法，颜色的使用也有一定的规律。其颜色表示法见表7-1。

表7-1　大众、奥迪、斯柯达汽车电路导线颜色定义

导线颜色	英文简写	颜色	导线颜色	英文简写	颜色
黑色	sw		蓝色	bl	
棕色	br		紫色	li	
红色	ro		灰色	gr	
黄色	ge		白色	ws	
绿色	gn				

二、线路端子符号说明

大众、奥迪、斯柯达等汽车电路的线路端子用不同的数字或字母表示不同意义，见表7-2。

表7-2　线路端子符号说明

端子	说明	端子	说明
1	点火线圈负极端（转速信号）	56a	远光灯接线端
4	点火线圈中央高压线输出端	56b	近光灯接线端
15	点火开关在"ON""ST"时有电的接线端	58	停车灯正极端
		61	发电机接充电指示灯端
30	接蓄电池正极的接线端，还用31a、31b、31c…表示	67	交流发电机励磁端
		85	继电器电磁线圈搭铁端
31	搭铁端，接蓄电池负极	86	继电器电磁线圈供电端
49	转向信号输入端	87	继电器触点输入端
49a	转向信号输出端	87a	当继电器线圈没有电流时，继电器触点输出端
50	起动机控制端，当点火开关在"START"时有电	87b	当继电器线圈有电流时，继电器触点输出端
53	刮水器电动机接电源正极端	88	继电器触点输入端
53a-e	其他刮水器电动机接线端	88a	继电器触点输出端
54	制动灯电源端	B+	交流发电机输出端，接蓄电池正极
56	前照灯变光开关正极端	B-	搭铁，接蓄电池负极

(续)

端子	说明	端子	说明
D+	发电机正极输出端	DYN	同 D+
D	同 D+	E/F	同 DF
D−	搭铁，接蓄电池负极	IND	指示灯
DF/EXC	交流发电机电磁电路的控制端	+	辅助的正极输出

三、电气符号名称说明

大众、奥迪、斯柯达等汽车电路用各种标准电气符号表示电器或插接件、开关和导线等实物，见表7-3。

表 7-3　电气符号名称说明

名称	符号与实物	名称	符号与实物
带电压调节器的交流发电机		电子控制器	 捷达ATK发动机ECU
起动机		爆燃传感器	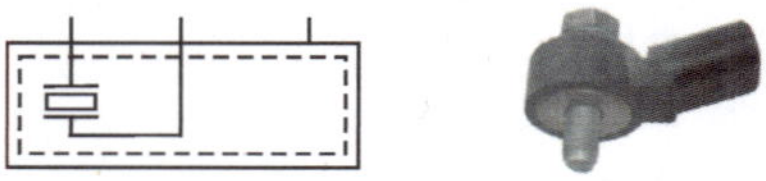
继电器		显示仪表	
感应式传感器	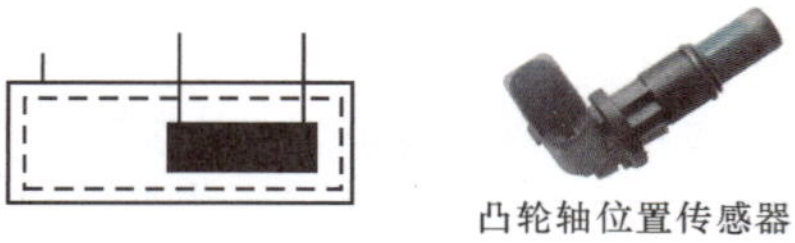 凸轮轴位置传感器	可变电阻	
压力开关		热敏开关	
电热丝		熔丝	
电动机		发光二极管	
电磁阀	 喷油器　活性炭罐电磁阀	电阻	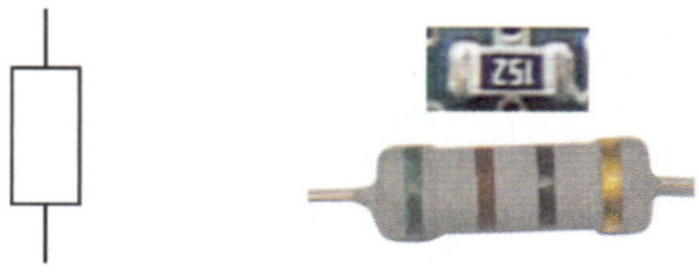

(续)

名称	符号与实物	名称	符号与实物
收放机		插头连接	点火线圈插口
蓄电池		元件上多针插头连接	捷达ATK发动机控制单元端子
点火线圈		氧传感器	
接线插座		喇叭	
灯泡		双丝灯泡	
多功能显示器		电磁离合器	
数字式时钟		多档手动开关	
后窗除霜器		机械开关	
扬声器		手动开关	
火花塞和火花塞插头		按键开关	

四、大众车系识读说明

图 7-1 所示是大众、奥迪、斯柯达等汽车电路的识读说明。

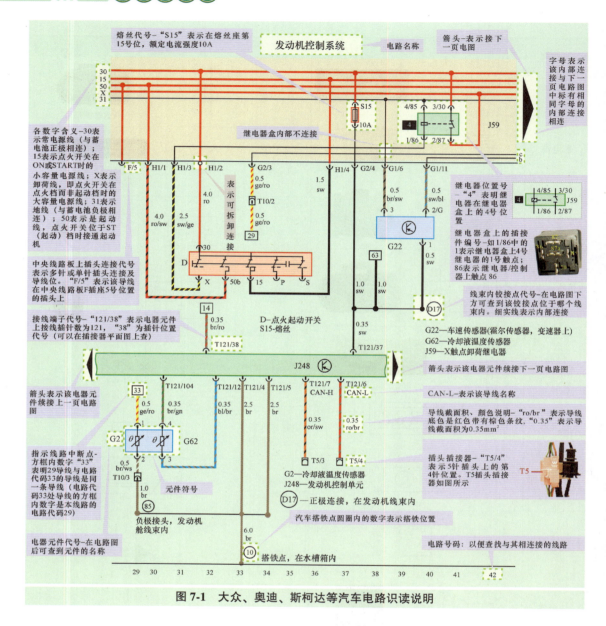

图7-1 大众、奥迪、斯柯达等汽车电路识读说明

项目二　奔驰汽车电路图识读说明

一、奔驰汽车电路导线颜色说明

奔驰汽车电路导线颜色说明见表7-4。在早期的奔驰汽车电路图中，导线颜色符号大多采用两位大写的英文缩略语，而近些年来，广泛采用的是小写的德文缩略语。

除单色线外，奔驰汽车还采用了双色线及三色线，在电路图中，用VI/YL、SW/WS、BK/YLRD、BR/GNWS等形式表示。导线的标志，不仅仅只有线色，还有线粗。奔驰汽车电路图中，导线的标称截面积写在线色符号之前，如 0.75RD、2.5BD/YL 等。

表 7-4 导线颜色说明

英文简写	颜色	色标	英文简写	颜色	色标
BK(bk)	黑色		BU(bu)	蓝色	
BR(br)	棕色		VI(vio)	紫色	
RD(rd)	红色		GR(gr)	灰色	
YL(yl)	黄色		WT(wt)	白色	
GN(gn)	绿色		PK(pk)	粉红色	

二、电路符号表示说明

奔驰电路符号表示说明见表 7-5。

表 7-5 奔驰电路符号表示说明

符号	符号说明	符号	符号说明
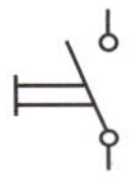	手动开关		常闭触点
	手动按键开关	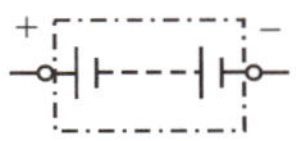	蓄电池
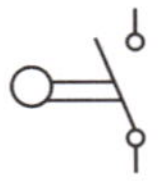	自动开关	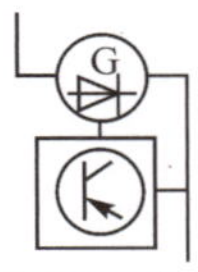	发电机
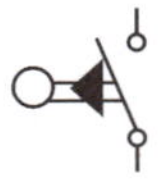	压簧自动开关	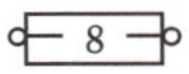	熔丝
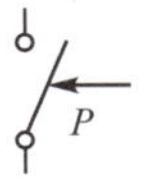	压力开关	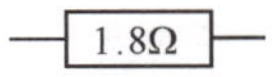	电阻
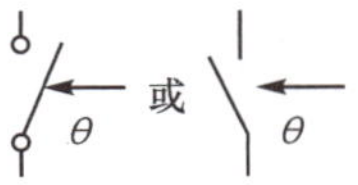	温度开关		二极管
			电子器件
	常开触点		电磁阀

(续)

符　号	符号说明	符　号	符号说明
	电磁线圈		平插头
	点火线圈	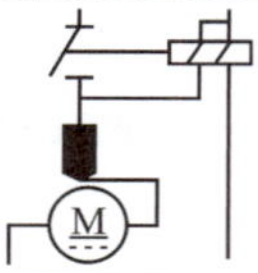	起动机
	火花塞		直流电动机
	指示仪表		圆插头
	加热器加热电阻		螺钉连接
	电位计		焊接点
	可变电阻	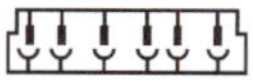	插接板

三、奔驰电路图识读说明

奔驰汽车采用横纵坐标来确定电器在电路图中的位置，其中数字做横坐标、字母做纵坐标。电气符号也有用代码标注的，代码前部是字母，表示电器种类，如 A 为仪表，B 为传感器，C 为电容，E 为灯，F 为熔断器盒，G 为蓄电池、发电机，H 为喇叭扬声器，K 为断电器，L 为转速、速度传感器，M 为电动机，N 为电控单元，R 为电阻、火花塞，S 为开关，T 为点火线圈，W 为搭铁点，X 为插接器，Y 为电磁阀，Z 为连接套。代码后部数字代表编号，一般电器代码之下注明电器名称。插接器(字母 X)、搭铁点(字母 W)仅有代码不注明文字。电路图识读说明如图 7-2 所示。

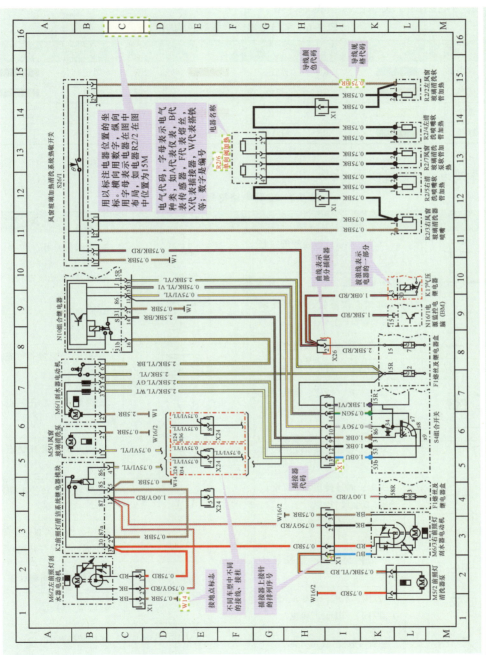

图 7-2 奔驰电路图识读说明

项目三　宝马汽车电路图识读说明

1) 宝马电路图导线颜色说明见表7-6。

表7-6　宝马电路图导线颜色说明

英文简写	颜色	色标	英文简写	颜色	色标	英文简写	颜色	色标
BL	蓝色		RD	红色		SW	黑色	
BR	棕色		GR	灰色		VI	紫色	
GE	黄色		OR	橙色		WS	白色	
GN	绿色		RS	粉红色				

2) 宝马电路符号说明见表7-7。

表7-7　宝马电路符号说明

符号	符号说明	符号	符号说明
	导线、不带或带连接的线路交叉		电磁阀，关闭的
	屏蔽导线		继电器（驱动装置和开关）
	机械有效连接、电气导线（后来敷设的）		电阻
	不带或带连接的线路交叉		电位计
	一般连接，可松开的连接		变换器、变量器（流量/电压）
	插头连接、插座、插头，三芯插头连接搭铁（外壳搭铁、车辆地线）		按键开关、常开触点/常闭触点
	档位（基本位置：拉出的直线）		手动开关、常开触点/常闭触点
	手工、通过传感器（凸轮）、热敏（双金属）操纵		转换触点，转换时带/不带中断
	卡槽、不自动/自动沿箭头方向返回		带三个档位的双向常闭触点（例如转向信号灯开关）
	一般操控装置、活塞驱动装置		常开触点/常闭触点
	通过转速 n、压力 p、流量 Q、时间 t、温度 t^0 操纵		双联常开触点
	一般可改变性（由外部）		多位转换开关
	线性/非线性可改变性（自行）		凸轮操纵的开关
	一般可调节性		热敏开关

（续）

符 号	符 号 说 明	符 号	符 号 说 明
	触发器		一般开关
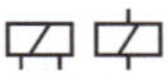	带线圈的驱动装置		带指示灯的一般开关
	带两个同向作用线圈的驱动装置		压力开关
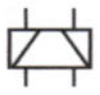	带两个反向作用线圈的驱动装置		一般继电器
	电热驱动装置、热继电器		电磁阀、喷射阀、冷起动阀
	电热驱动装置、提升磁铁		加热时间开关
	加热电阻、加热除霜玻璃		节气门开关
	天线		旋转调节钮
	熔丝		带电热驱动装置的辅助通风
	感应式传感器		火花塞
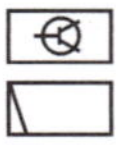	控制单元		转向信号灯传感器、脉冲传感器、间断继电器
	一般显示元件、电压表、时钟		氧传感器（不加热/加热）
	转速表、温度表、车速表		压电传感器
	蓄电池		电阻位置传感器
	插口		空气流量计
	灯、前照灯		空气质量计
	响笛、喇叭		流量传感器、燃油液位传感器
	可加热式后窗		温度开关、温度传感器

151

(续)

符号	符号说明	符号	符号说明
	速度传感器		电压调节器
	永久磁铁		带调节器的发电机(不带/带内部电路)
	感应式线圈		电动燃油泵，液压泵马达
	冷导体、PTC 电阻		带风扇的电动机、风扇
	热导体、NTC 电阻		带接通继电器的起动机(不带/带内部电路)
	二极管		刮水器电动机(一个/两个刮水速度)
	PNP 晶体管、NPN 晶体管		刮水器间隔继电器
	发光二极管(LED)		汽车收音机
	霍尔振荡器		扬声器
	定界或画框用点画线		稳压器、稳压管
	被屏蔽的装置		感应式传感器，用参考标记控制
	一般调节器		组合仪表(仪表板)
	点火线圈		ABS 转速传感器
	一般点火分电器		霍尔传感器

3）宝马汽车电路图识读说明，如图7-3所示。

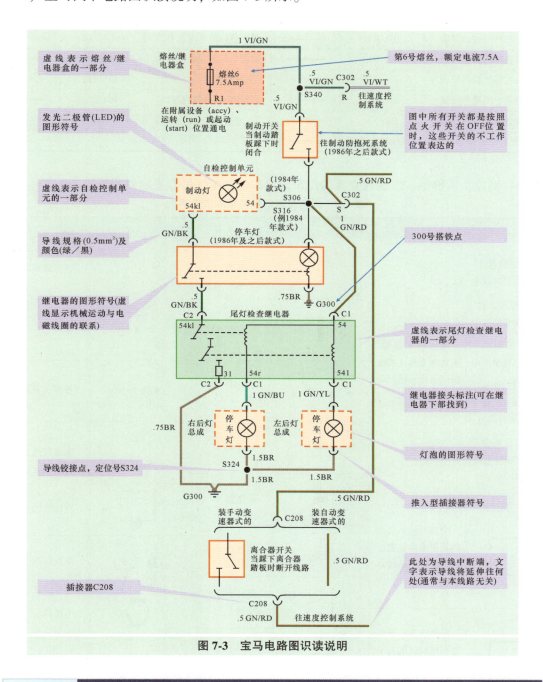

图7-3　宝马电路图识读说明

项目四　别克、雪佛兰、凯迪拉克等通用车系汽车电路识读说明

1）别克、雪佛兰、凯迪拉克等通用车系汽车电路颜色说明见表7-8。

表 7-8　通用车系汽车电路颜色说明

导线颜色	示意图中的缩写	导线示例	导线颜色	示意图中的缩写	导线示例
带白色标的红色导线	RD/WH		带白色标的深绿色导线	D-GN/WH	
带黑色标的红色导线	RD/BK		带黑色标的浅绿色导线	L-GN/BK	
带白色标的棕色导线	BN/WH		带黄色标的红色导线	RD/YE	
带白色标的黑色导线	BK/WH		带蓝色标的红色导线	RD/BL	
带黄色标的黑色导线	BK/YE		带蓝色和黄色标的红色导线	RD/BL/YE	
带黑色标的深绿色导线	D-GN/BK				

2) 别克、雪佛兰、凯迪拉克等通用车系汽车电路电气符号表示说明见表 7-9。

表 7-9　通用车系电气符号表示说明

符号	说明	符号	说明	符号	说明
	常电源钥匙在 RUN 位置时供电		断路器	12 C100	直列线束插接器
	钥匙在 START 位置时供电		可熔断连接	S100	接头
	钥匙在 ACC、RUN 位置时供电		输入/输出开关	P100	贯穿式密封圈
	钥匙在 RUN、START 位置或检测时供电		二极管	G100	底盘搭铁
	钥匙在 RAP（固定式附件电源）位置时供电		晶体管		壳体搭铁
	局部部件。当部件采用虚线框表示时，部件或导线均未完全表示		加热芯		单丝灯泡
		12	部件上连接的插接器	M	电动机
	完整部件。当部件采用实线框表示时，所示部件或导线表示完整	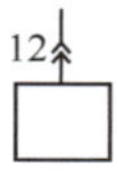 12	带引出线的插接器		电磁阀
	熔丝		带螺栓或螺钉连接孔的端子		线圈

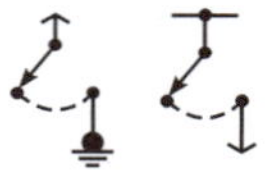

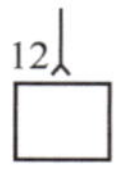

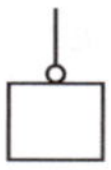

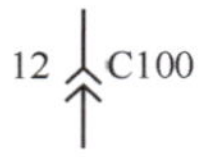

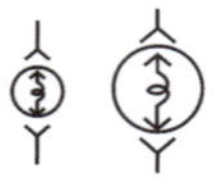

（续）

符号	说明	符号	说明	符号	说明
	天线		可变蓄电池		屏蔽
	双丝灯泡		电阻器		开关
	发光二极管		可变电阻器		单极单掷继电器
	电容器		位置传感器		单极双掷继电器
	蓄电池		输入/输出电阻器		

3）通用车系电路图识读说明，如图 7-4 所示。

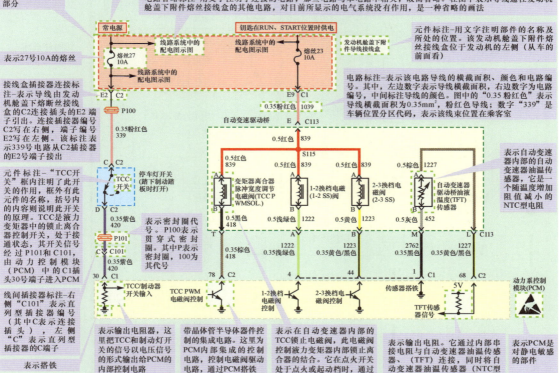

图 7-4　电路图识读说明

项目五 福特汽车电路图识读说明

1）福特汽车电路导线颜色表示说明见表7-10。

表7-10 电路导线颜色表示说明

英文简写	颜色	色标	英文简写	颜色	色标	英文简写	颜色	色标
BK	黑色	■	GN	绿色	■	WH	白色	□
BN	棕色	■	BU	蓝色	■	OG	粉红	■
RD	红色	■	VT	紫色	■	LG	淡绿	■
YE	黄色	■	GY	灰色	■	SR	银	■

2）福特汽车电路图电气符号说明见表7-11。

表7-11 电路图电气符号说明

部件	图形说明	部件	图形说明	部件	图形说明	部件	图形说明
	配置接点		灯		蓄电池		喇叭或扬声器
	不相连的跨越电路		电磁控制阀或离合器电磁阀		断电器		转向柱滑环
	接点		元件整体		电阻或加热元件		熔丝
	可移动连接		元件的部分				
	搭铁		元件外壳直接与车身金属部位连接（搭铁）		电位计（压力或温度）		屏蔽
	插接器		元件上配置螺钉锁接式端子		电位计（受外来因素影响）		易熔线
	母插接器（母子）		直接接到元件的插接器		连接元件导线的插接器		电容
	晶体管		公插接器（公子）		电路阻抗		霍尔传感器
			线圈				钟式弹簧

(续)

部件	图形说明	部件	图形说明	部件	图形说明	部件	图形说明
蜂鸣器		永磁双速电动机		① 汇流排		A7 ABS控制模块	该符号用以显示系统中的硬件装置(仅由电子元件所组成)
加热元件导体环		单极、两投开关					
温控计时继电器				线路参照编号,可借此找出连接于其他回路中的线路			
可变电容器		代表该熔丝一直供电				① 线路编号 ② 导线截面尺寸(mm^2),线路连接于车身金属表面(搭铁),可利用部件位置表的搭铁编号	
压电传感器							
热继电器		继电器中配置有跨接于线圈的二极管		① 其他回路也共同利用18号熔丝,但未显示在同一线路图中			
转向灯符号		继电器中配置有跨接于线圈的电阻					
天线						选择用支路,代表在不同机型、国别或选装设备时,线路有不同	
二极管,电流依箭头方向流通		开关一同移动,虚线代表在开关之间以机械方式相连接					
发光二极管(LED)				① 仍有其他回路通过G1001搭铁,但并未显示在同一线路图中			
永磁单速电动机		常开接点。线圈通电时,开关被拉回闭合					

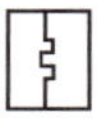

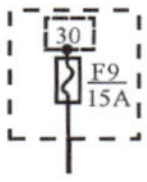

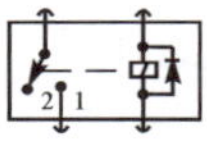

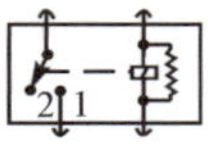

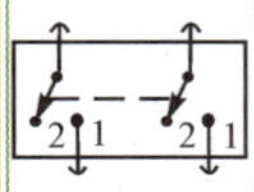

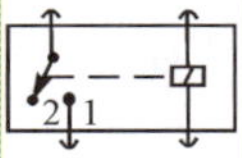

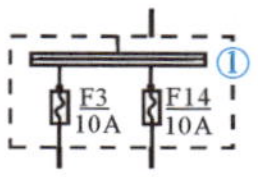

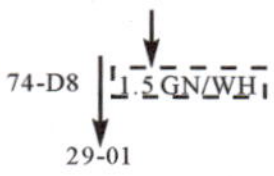

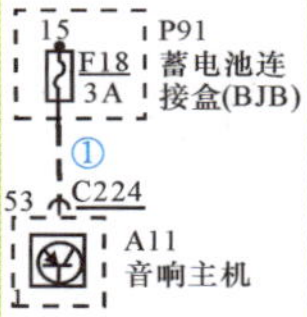

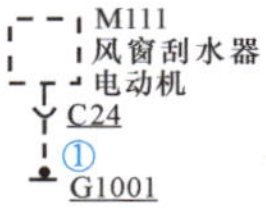

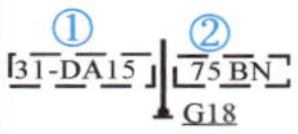

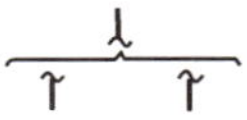

3)福特汽车电路图识读说明,如图7-5所示。

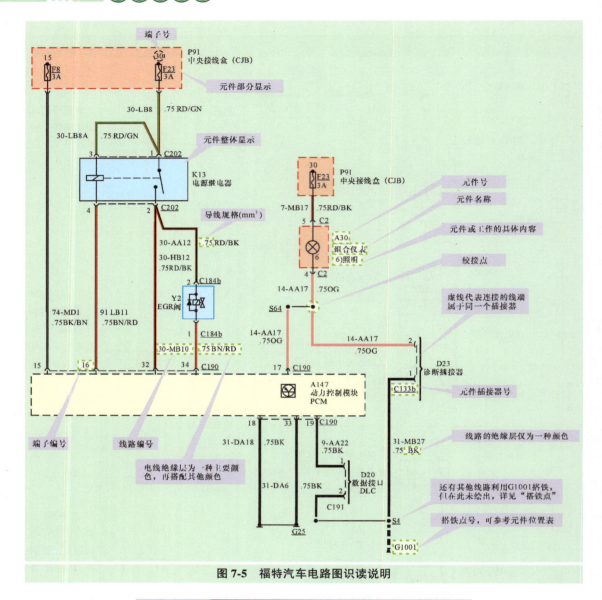

图 7-5 福特汽车电路图识读说明

项目六　克莱斯勒汽车电路图识读说明

1）克莱斯勒汽车电路导线颜色表示说明见表 7-12。

电路图中的每根导线都有一个代码，用来确定主电路、主电路的某一具体部分、线规及颜色。例如 A218LB/黄，表示是一个蓄电池供电电路，二级，线规为 18，淡蓝色，带有一个黄色的示踪物。

表 7-12　电路导线颜色表示说明

英文简写	颜色	色标	英文简写	颜色	色标	英文简写	颜色	色标
BL	蓝色		DB	深蓝色		DG	深绿色	
BK	黑色		VT	紫色		GY	灰色	
BR	棕色		YL	黄色		LB	浅蓝色	

（续）

英文简写	颜色	色标	英文简写	颜色	色标	英文简写	颜色	色标
LG	浅绿色		OR	橙色		TN	褐色	
WT	白色		PK	粉色				
*	带条纹		RD	红色				

2）克莱斯勒汽车电路电气符号表示说明见表7-13。

表7-13　电路电气符号表示说明

部　　件	图形说明	部　　件	图形说明	部　　件	图形说明
	熔丝管		断路器或PTC保护装置		联动开关
	熔丝		蓄电池		天线
BATT A0	热线	(8W-30-10)	参考页		NPN晶体管
	选择括号	4↑C1	针式插接器		PNP晶体管
	时钟弹簧	6↓C3	孔式插接器		
	搭铁G101		白炽信号灯		音频发声器
	电阻式多功能开关		双白炽灯		常闭开关
	螺纹端子		常开开关		滑动门触点
	发光二极管		仪表		可变电阻器或热敏电阻
	光敏二极管		电压元件		电位表
	二极管		在单元内显示的导线始端和终端		氧传感器
	二极管	8↑ 5↑ 2↑C123	多路插接器		内绞插接器
	稳压二极管	2↑C123 2↓C123	串接插接器		

159

(续)

部件	图形说明	部件	图形说明	部件	图形说明
	可变电容器		极化电容器	S350	外绞插接器
M	单速电动机	M	双速电动机		不完全绞插接器(内部)
M	可逆电动机		电磁阀		线圈
	在另一单元显示导线的终端		电阻		电磁线圈
	非极化电容器		电热器元件		

3）克莱斯勒汽车电路图识读说明，如图7-6所示。

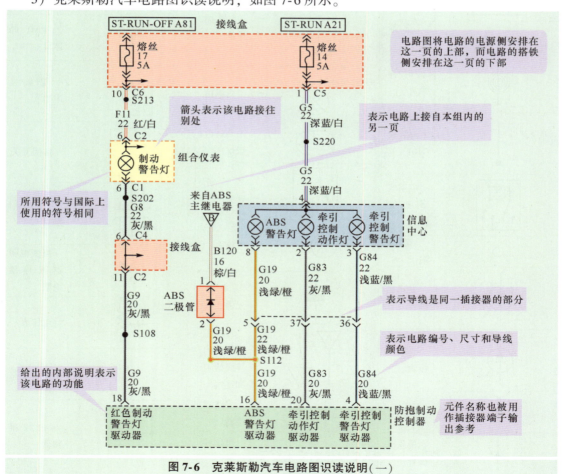

图7-6 克莱斯勒汽车电路图识读说明(一)

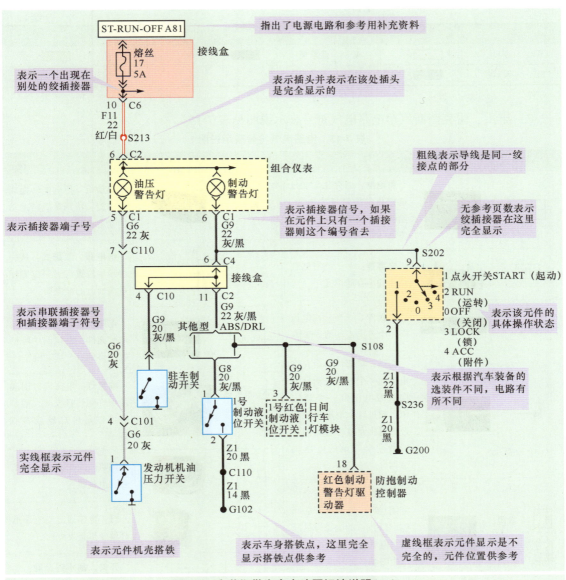

图 7-6 克莱斯勒汽车电路图识读说明(二)

项目七 丰田、雷克萨斯汽车电路图识读说明

1) 丰田、雷克萨斯汽车电路导线颜色说明见表 7-14。

表 7-14 电路导线颜色说明

代号	线色	色标	代号	线色	色标	代号	线色	色标
B	黑色		O	橙色		LG	淡绿色	
G	绿色		BR	棕色		P	粉红	
L	蓝色		GR	灰色		R	红色	

(续)

代号	线色	色标	代号	线色	色标	代号	线色	色标
W	白色		V	蓝紫色		Y	黄色	
SB	天蓝色							

2）丰田、雷克萨斯汽车电路电气符号表示说明见表 7-15。

表 7-15　电路电气符号表示说明

符号与实物	释义	符号与实物	释义
	蓄电池：储存化学能且能把化学能转变为电能，给汽车不同的电路提供直流电		**电动机**：把电能转换成机械能，特别是旋转运动的动力单元
	电容器：一个临时储存电压的小存储单元		**继电器，双掷式**：从一个接触位置或另一位置使电流通过的继电器
	**二极管**：一个允许电流向一个方向流动的半导体		**电阻**：带有固定阻值的电气元件，在线路中降低电压得到一个规定值
	**稳压二极管**：一个允许电流向一个方向流动且反向阻滞电压有一个规定值，超过这个电压将使超过的电压通过，可以把它看做一个简单的电压调节器	单灯丝 双灯丝	**前照灯**：电流通过引起前照灯变热且发光，前照灯可以是单灯丝或者双灯丝
			喇叭：发出高的声音信号的电气装置
1.常闭 2.常开	**继电器**：通常指一个可常闭（如 1 所示）或常开（如 2 所示）的电控操纵开关，电流通过一个小线圈产生磁场，打开或关闭继电器开关		**灯**：电流通过灯丝引起灯丝变热且发光
			开关，刮水器凸轮：当刮水器开关在关闭时，自动运转刮水器到停止位置
	发光二极管：通过电流此种二极管发光，且相对于灯泡不产生热量		**点烟器**：一个电阻加热元件
	模拟表：电流激活磁性线圈引起指针移动，在刻度上提供一个相应的指示	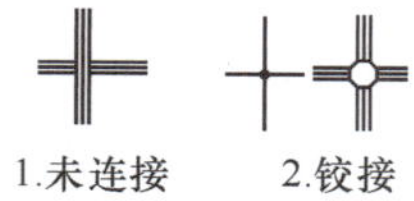 1.未连接　2.铰接	**电线**：电线在电路图中总是画成直线交叉线 1. 在连接位置没有黑点标记 2. 在交叉点有一个黑点或八角形（○）的交叉线表示连接
FUEL	**数字表**：电流激活一个或多个 LED、LCD 或者荧光显示器，提供一个相应的或数字的显示		

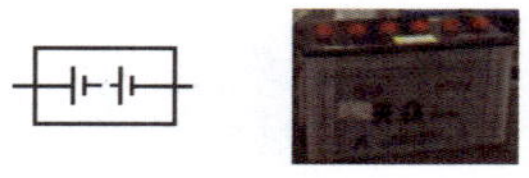

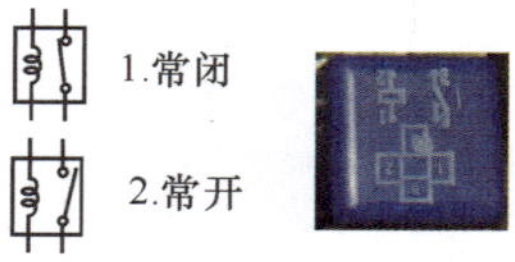

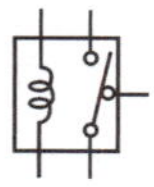

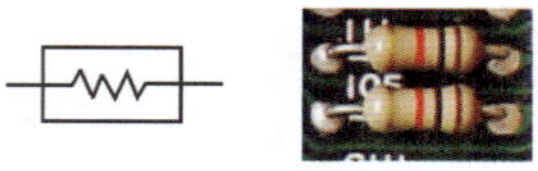

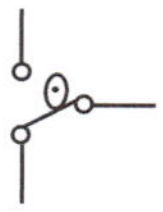

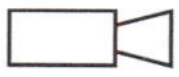

模块七 品牌汽车电路识读规范

（续）

符号与实物		释义	符号与实物		释义
		扬声器：电流通过产生声波的电气装置			**光敏二极管**：根据光照强度控制电流通过的半导体
		开关，点火：有几个位置的钥匙控制开关，控制不同的线路，特别是点火初级线路			**分电器，集成点火总成**：将高压电从点火线圈分配到每个火花塞
		晶体管：根据基极提供的电压来断开或通过电流，被当做是电子继电器的一种典型的固态器件			**短插脚**：通常在接线盒内提供一个较好的连接
		搭铁点：线束固定在车身上的点，给电路一个回路。没有搭铁点电流不能流过			**电磁阀**：电流通过电磁线圈产生磁场去移动铁心等
	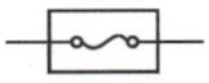 适用中等电流的熔丝 	**熔丝**：当较高的电流通过会烧断的一种细金属丝，因此会切断电流且保护电路避免危险			**电阻，分接式**：提供两个或更多不同的固定阻值的电阻
	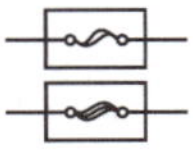 适用于大电流熔丝或易熔线	**易熔丝**：一种粗线，放置在高压电流通过的电路中，当过载时烧毁以保护线路，数字表示线的横截面积			**电阻，可变式**：阻值可变的可控制电阻，也称作电位计或变阻器
1.常开	2.常闭	**开关，手动式**：打开或关闭电路，因此电流在常开1时断开，在常闭2时通过			**点火线圈**：把低压直流电转变成高压脉冲电流使火花塞点火
		开关，双掷式：从一个接触位置或者另一个位置连续流过电流			**传感器(热敏电阻)**：阻值随温度变化而改变的电阻
		断路器：可重复使用的熔丝，断路器中通过大电流时，断路器变热并断开；当变冷时，有些会自动恢复，另外一些需要手动恢复			**传感器，车速**：用磁场脉冲去打开或关闭开关，产生一个信号去激活其他部件

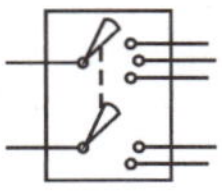

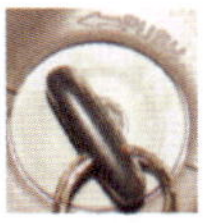

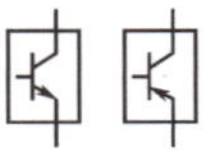

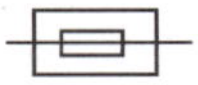

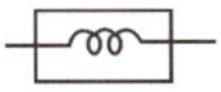

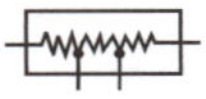

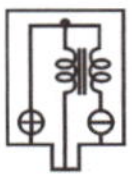

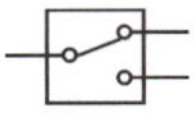

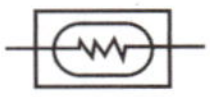

3) 丰田、雷克萨斯汽车电路图识读说明，如图7-7所示。

163

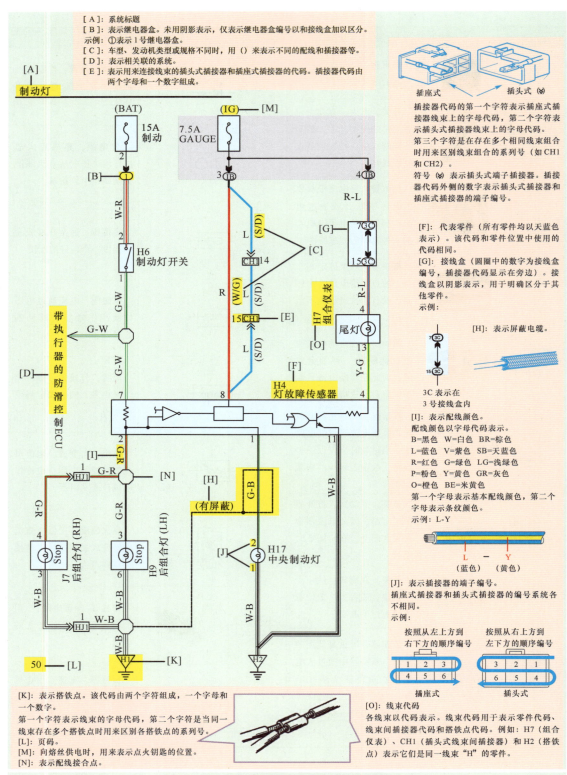

图 7-7 丰田、雷克萨斯汽车电路图识读说明

项目八　本田、讴歌汽车电路图识读说明

1）本田、讴歌汽车电路导线颜色说明见表7-16。

表7-16　电路导线颜色说明

缩写	颜色	色标	缩写	颜色	色标
WHT	白色		BRN	棕色	
YEL	黄色		GRY	灰色	
BLK	黑色		PUR	紫色	
BLU	蓝色		LT BLU	浅蓝色	
GRN	绿色		LT GRN	浅绿色	
RED	红色		PNK	粉红色	
ORN	橙色				

2）本田、讴歌汽车电路电气符号表示说明见表7-17。

表7-17　电路电气符号表示说明

名称	符号及实物	名称	符号及实物
蓄电池	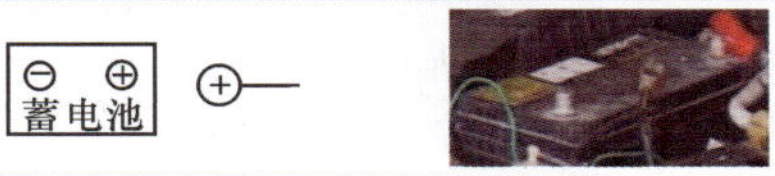	发光二极管	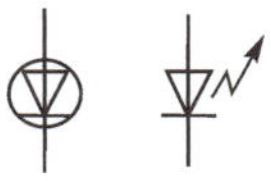
搭铁点	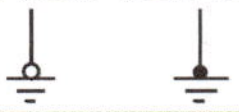	电阻	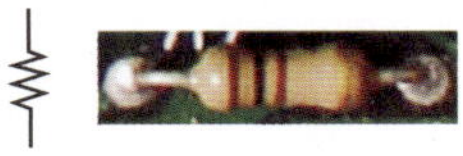
电容器	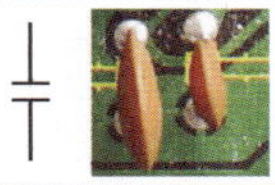	可变电阻	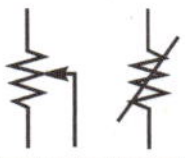
熔丝	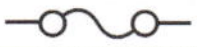	热敏电阻器	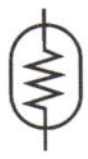
线圈，螺线管	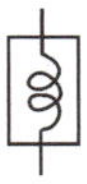	喇叭	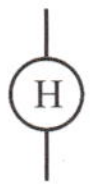
点火装置开关	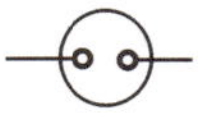	二极管	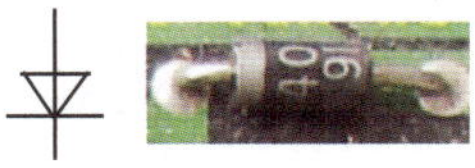
灯泡	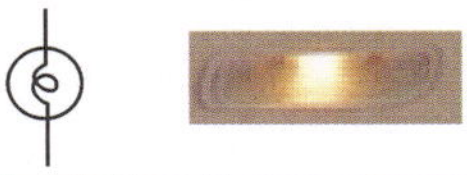	油泵	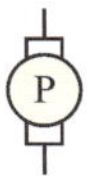
暖气	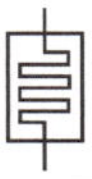	电流中断器	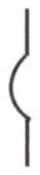
弹簧开关	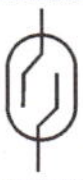	插接器	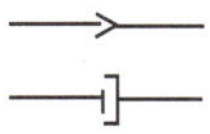
电动机		扬声器	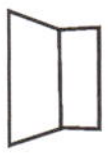
点烟器	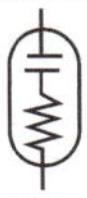		

(续)

名称	符号及实物	名称	符号及实物
天线(杆状天线)		晶体管	
天线(窗式天线)		继电器	

3) 本田、讴歌电路图识读说明，如图7-8所示。

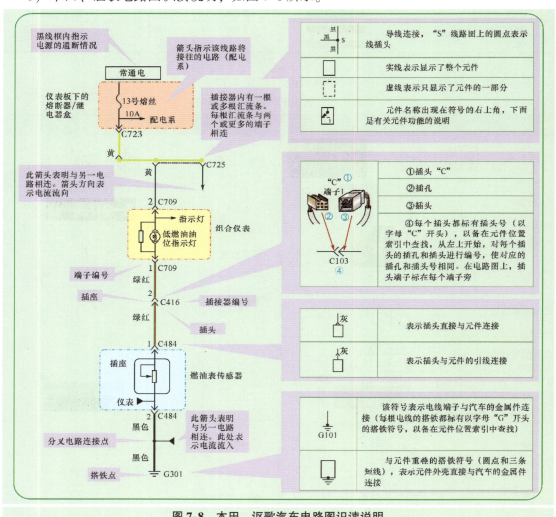

图7-8 本田、讴歌汽车电路图识读说明

项目九 日产、英菲尼迪汽车电路图识读说明

1) 日产、英菲尼迪汽车电路导线的颜色说明见表7-18。

表 7-18 电路导线颜色说明

电路名称	颜色分类 标准色	辅助色 (条纹的颜色)	电路名称	颜色分类 标准色	辅助色 (条纹的颜色)
起动/点火电路	B	W. YR. G	仪表板电路	Y	B. W. R. G. L
充电电路	W(Y)	B. R. L	其他电路	L(BR)	B. W. R
灯光电路	R	B. W. G. L. Y	搭铁电路		
信号电路	G(LG, BR)	B. W. R. L. Y			

注：B：黑，W：白，R：红，G：绿，Y：黄，L：蓝，R：棕，LG：浅绿。

从日产电路图上可以确定电线的编号、插头的类型和阴阳端，各插接件端口说明见表 7-19。

表 7-19 电路插接件端口说明

符号	实际插头	符号	实际插头
孔数	有效端口数	斜角	针式插头(插结式)
涂成黑色	插头阳端(端口)	直角	平面式插头(扁头式)
涂成白色(不是黑色)	插头阴端(端口)		

2）日产、英菲尼迪汽车电路图识读说明，如图 7-9 所示。

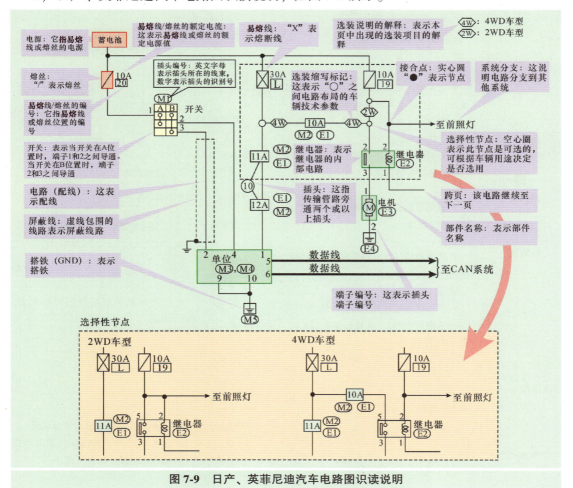

图 7-9 日产、英菲尼迪汽车电路图识读说明

项目十 马自达汽车电路图识读说明

1) 马自达汽车电路导线颜色说明见表7-20。

表7-20 电路导线颜色说明

英文简写	颜色	色标	英文简写	颜色	色标	英文简写	颜色	色标
B	黑色		G	绿色		SB	天蓝色	
L	蓝色		LB	浅蓝色		T	黄褐色	
BR	棕色		LG	浅绿色		V	紫色	
DL	深蓝色		O	橙色		W	白色	
DG	深绿色		P	粉红色		Y	黄色	
GY	灰色		R	红色				

2) 马自达汽车电气元件符号说明见表7-21。

表7-21 电气元件符号说明

符号	意义	符号	意义
蓄电池	● 通过化学反应发电 ● 向电路提供直流电	晶体管（1） 集电极（C） 基极（B）　NPN 发射极（E）	● 电气开关的组成部件 ● 当有电压加载在基极(B)上时，开关打开
搭铁（1） 搭铁（2） 搭铁（3）	● 如果有电流从蓄电池的正极向负极流动，连接点到车体或其他搭铁线 ● 搭铁（1）表明一个搭铁点通过线束与搭铁体之间的连接 ● 搭铁（2）表明搭铁点，即部件直接与搭铁体搭铁的位置 备注： ● 如果搭铁有故障，那么电流将不会流过一个电路	晶体管（2） 集电极（C） 基极（B）　PNP 发射极（E）	·查阅代码 2 S C 828 A ─修订版版标记 半导体 端子的数量 A: 高频PNP型 B: 低频PNP型 C: 高频PNP型 D: 低频PNP型
熔断器 （刃形熔断器）（筒形熔断器） 熔断器（适用于强电流的熔断器）/熔性连接 （盒形熔断器）（熔性连接）	● 当电流超过为电路规定的电流值时熔断，并且中断电流 警告 ● 不要更换超过规定容量的熔丝	照明灯 灯 3.4W	当电流流经灯丝的时候发光、发热
		电阻器	● 一个电阻值恒定的电阻器 ● 主要用于通过保持额定电压来保护电路中的电气部件

(续)

符号	意义	符号	意义
电动机	把电能转变成机械能	接线位置的变化范围（1） E C A B B B B B B F D B　　E C A F D B	接线位置可以在插接器内自由互换
泵	吸入，排放气体和液体	接线位置的变化范围（2） E C A B B B B B B F D B　　E C A F D B	接线位置只能按照下列组合进行互换：在 A 与 B 之间、在 C 与 D 之间、在 E 与 F 之间
点烟器	可发热的电线圈		
附件插座	内部电源		
喇叭 扬声器	当有电流通过的时候发生声音	接线位置的变化范围（3） 3L 2B 1B 5L 4B 8B/Y 7B 6R　　2 1 4 7	接线位置只能按照下列组合进行互换：在 1、2、4 与 7 之间可以用某些插接器的编号来表示接线位置
发热器	当有电流通过的时候产生热		
点火开关 B2 B1 ST IG2 OFF OFF IG1 ACC	转动点火钥匙能够使用电路操作各个组成部件 （注意） 在柴油车辆上，点火开关被称为发动机开关		

3）马自达汽车电路线束表示符号说明见表 7-22。

表 7-22　电路线束表示符号说明

线束名称	符号		线束名称	符号
前部电气配线	（F）		仪表板电气配线	（I）	——
前部 2 号电气配线	（F2）		排放电气配线	（EM）	——
发动机电气配线	（E）		排放 2 号电气配线	（EM2）	——
仪表板	（D）		排放 3 号电气配线	（EM3）	——
后部电气配线	（R）		车门 1 号电气配线	（DR1）	——
后部 2 号电气配线	（R2）		车门 2 号电气配线	（DR2）	——
后部 3 号电气配线	（R3）		车门 3 号电气配线	（DR3）	——

（续）

线束名称	符号		线束名称	符号	
车门4号电气配线	(DR4)	——	A/C电气配线	(AC)	——
车厢地板电气配线	(FR)	——	喷射电气配线	(INJ)	——
车内照明灯电气配线	(IN)	——	手制动器电气配线	(HB)	——

4）系统电路图/连接线示意图。这些示意图表明每个系统从电源到搭铁的电路。电源侧在页面的上部，搭铁侧在下部。对于在示意图中所描述的电路，点火开关是关闭的，如图7-10所示。

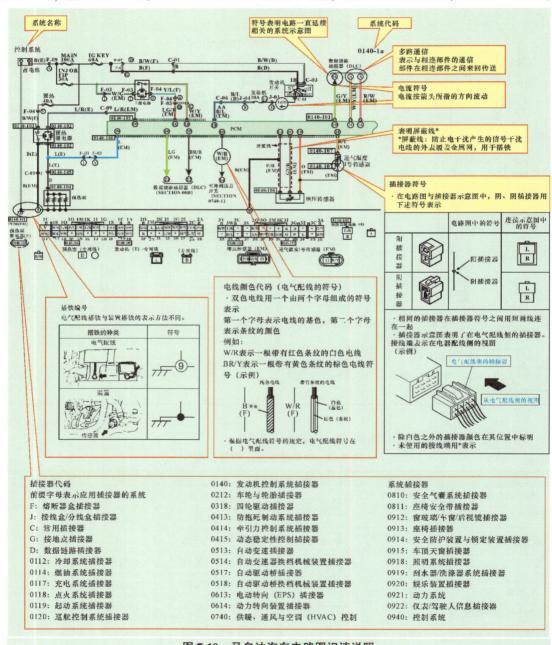

图7-10 马自达汽车电路图识读说明

项目十一　三菱汽车电路图识读说明

1) 三菱汽车电路导线颜色说明见表 7-23。

表 7-23　电路导线颜色说明

英文简写	颜色	色标	英文简写	颜色	色标	英文简写	颜色	色标
B	黑色		LG	浅绿色		V	紫罗兰色	
BR	棕色		O	橙色		W	白色	
G	绿色		P	粉红色		Y	黄色	
GR	灰色		R	红色				
L	蓝色		SB	天蓝色				

导线由两种颜色构成时，代码为两个字母。第一个字母表示基准色（导线涂覆部的底色），第二个字母表示标志色。

2) 三菱汽车电路图识读说明，如图 7-11 所示。

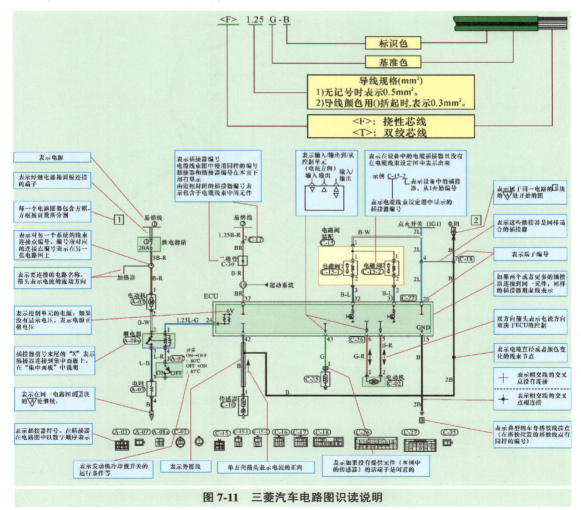

图 7-11　三菱汽车电路图识读说明

3）三菱汽车电路线束图识读说明，如图7-12所示。

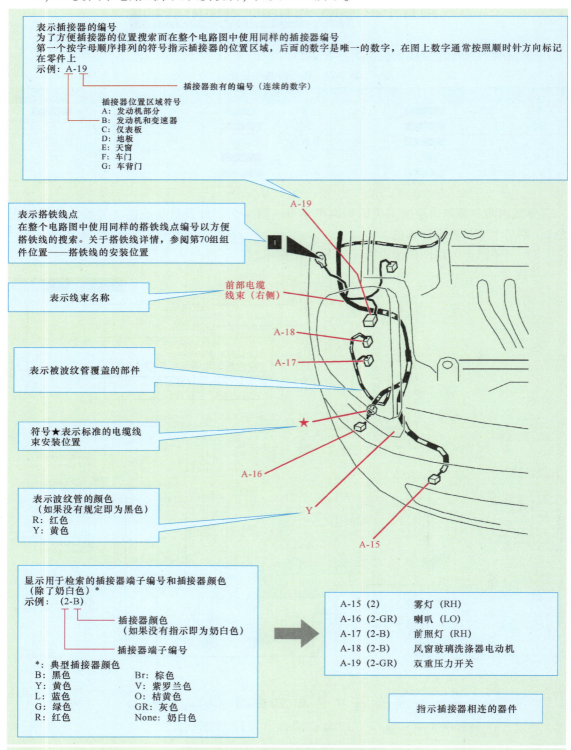

图 7-12　三菱汽车电路线束图识读说明

项目十二　现代、起亚汽车电路图识读说明

1）现代、起亚汽车电路导线颜色说明见表7-24。

表7-24　电路导线颜色说明

缩写字母	颜色	色标	缩写字母	颜色	色标	缩写字母	颜色	色标
B	黑色		L	蓝色		R	红色	
Br	棕色		Lg	浅绿色		W	白色	
G	绿色		O	橙色		Y	黄色	
Gr	灰色		P	粉色		Li	浅蓝色	

注：Ⓨ/Ⓑ：黄色底黑色线条（两种颜色）。
↑　　↑
底色　线条色

现代、起亚汽车电路依电路的不同对线束进行了分类标识，见表7-25。

表7-25　线束分类说明

符号	线束名	位置	符号	线束名	位置
D	车门线束	车门	F	底板线束	底板
E	前线束、点火线圈、蓄电池、喷油器延伸线束	发动机室	M	主线束	室内
			R	后保险杠、行李箱门、后除霜器线束	后保险杠、后除霜器、行李箱门

2）现代、起亚汽车电路符号说明见表7-26。

表7-26　电路符号说明

部分	符号	说明	部分	符号	说明
部件	□	表示部件全部	部件		搭铁符号（圆点和三条线重叠连接在部件上）表示部件的壳全部连接到车辆上的金属部件上
	⌐ ¬ (虚线框)	表示部件的一部分		制动灯开关	部件名称：上部显示部件名称 表示部件位置图编号
	(导线插接器符号)	表示导线插接器在部件上	插接器	公插接器 10 M05-2 母插接器	表示在部件位置索引上插接器编号 表示对应端子编号（仅相关端子）
	(导线连接符号)	表示导线插接器通过导线与部件连接		R Y/L 3 1 E35 R Y/L	虚线表示两个导线在同一E25导线插接器上（E35）
	(导线连接符号)	表示导线插接器通过导线与部件连接			

(续)

部分	符号	说明	部分	符号	说明
连接		一定数量线束连接以圆点表示。精确的位置和连接根据车辆不同	二极管		二极管 发光二极管 稳压二极管
搭铁	G06	表示导线末端在车辆金属部件上搭铁	晶体管		NPN PNP
屏蔽导线	G66	表示为防波套，防波套要永久搭铁（主要用在发动机和变速器的传感器信号线上）	一般部件符号		表示开关沿虚线摆动，而细虚线表示开关之间的联动关系
短接插接器		表示多线路短接的导线插接器			开关（单触点）
导线		表示下页继续连接			加热器
	Y/R	表示黄色底/红色线条导线			传感器
	从C52 至MC02	表示这根导线连接在所显示页。箭头表示电流方向。可以在标记位置看到"A"			传感部
	R 电路图名称	箭头表示导线连接到其他线路			喷油器
	自动变速器 手动变速器	表示根据不同配置选择线路（指示判别有关选择配置为基准的电路）			电磁阀
易熔丝	常时电源 F/FOG FUSE 15A	常时提供电源 名称 容量			电动机
熔丝	ON电源 FUSE 10A	表示点火开关ON时的电源 表示短接片连接到每个熔丝 编号 容量			
灯泡		双丝灯泡 单丝灯泡			

(续)

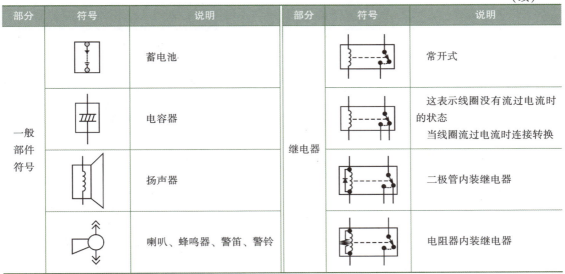

3）现代、起亚汽车电路图识读说明，如图7-13所示。

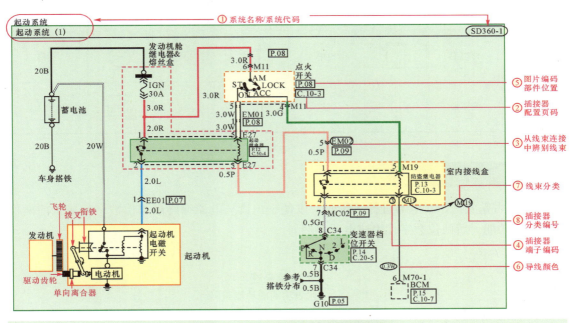

图7-13 现代、起亚电路图识读说明

项目十三 标致-雪铁龙汽车电路图识读说明

一、电气装置与电路符号说明

标致-雪铁龙汽车电路图中各电气装置与电路的符号如表7-27所示。

175

表 7-27　标致-雪铁龙汽车电气装置与电路的符号

部件	图形说明	部件	图形说明	部件	图形说明	部件	图形说明
	起动机		氧传感器		钥匙		电泵
	发电机		电位计		电阻		压缩机
	插线盒		开关(手动)		可变电阻(探头)		二极管
	蓄电池		开关		热敏电阻		电动阀
	点火线圈		门框开关		压变电阻		预留插头
	喷油器		继电器		温度开关		电容
	传感器		电控单元		压力开关		灯泡
	变阻器		熔丝		电动机		组合仪表

二、电器编码说明

标致-雪铁龙汽车对电器进行了编码，以便于识读。电器编码由 4 位数字组成，前两位数字代表功能，后两位数字代表该电器。例如：

（1）功能编码

该编码规则是将每个电气元件的编号与电气功能关联起来，将所有功能分为 8 大类，即动力组、信号/外部照明组、内部照明组、驾驶人信息组、洗涤器刮水器组、其他辅助机构组、驾驶辅助组、驾驶舒适组。

（2）电源器件的特殊编号

标致-雪铁龙汽车对下列电源器件进行了特殊编号：

① BB00：蓄电池。

② BB10：蓄电池正极盒。

③ CA00：防盗点火开关。
④ BF00：熔丝盒。
（3）地线编号规则
标识号前加字母 M。例如：M2A、M90C 等。
（4）绞接点编号规则
标识号前加字母 E。例如：E028、E002 等。对于同一绞接点的不同连接，后面加字母以区别，例如 E005A、E005B。
（5）指示灯的编码前有字母 V
例如：V2610。
（6）有特殊功能的自由插接器
用于某功能的测试，作为电气元件进行编码前加字母 C，例如：C1300。

三、插接器编号

标致-雪铁龙汽车对中间插接器和预留插口进行了编号，编号规则如下。

*1. 中间插接器编号

在标识号的两位数字前加字母 IC，例如：IC20。

对于同一中间插接器的不同连接，后面加字母以区别，例如：IC05A、IC05B。

*2. 预留插口编号

在标识号的三位数字前加字母 B，例如：B001。

对于同一插口的不同连接，后面加字母以区别，例如：B003A、B003B。

四、颜色编码

原理图、接线图和布置图中标示出了插接器的颜色，标致-雪铁龙汽车插接器的颜色及代码如表 7-28 所示。

表 7-28　标致-雪铁龙汽车插接器颜色及代码含义

英文简写	颜色	色标	英文简写	颜色	色标	英文简写	颜色	色标
BA	白		MR	栗		VE	绿	
BE	蓝		NR	黑		VI	紫	
BG	灰褐		OR	橘黄		VJ	绿/黄	
GR	灰		RG	红				
JN	黄		RS	褐				

五、线束的代码

电路图中各导线都标明其所在线束的代码，为寻找线路的方位和走向提供方便。表 7-29 所示为东风雪铁龙毕加索轿车线束代码。

表 7-29　东风雪铁龙毕加索轿车线束代码

线束代号	线束名称	线束代号	线束名称	线束代号	线束名称
01 CBP	蓄电池正极电缆	22 MOT/C	发动机附加线束	60 P/C	驾驶人前车门线束
02 CBN	蓄电池负极电缆	46 HAB	座舱线束	62 PR/G	左后门线束
10 PR	主线束	50 P/B	仪表板线束	65 P/P	乘员前车门线束
16 GMV	风扇机组线束	51 J	油量传感器线束	67 PR/D	右后车门线束
17 BR/AV	前雾灯线束	53 SAC	安全气囊线束		
20 MOT	发动机线束	59 CLM	空调线束		

六、电路图识读说明

下面分别对标致-雪铁龙汽车常用电路原理图及接线图进行说明。

标致-雪铁龙汽车电路原理图说明如图 7-14 所示。

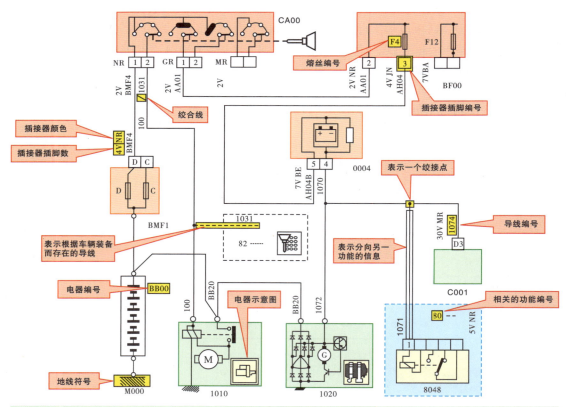

图 7-14　标致-雪铁龙汽车电路原理图说明

标致-雪铁龙汽车接线图说明如图 7-15 所示。

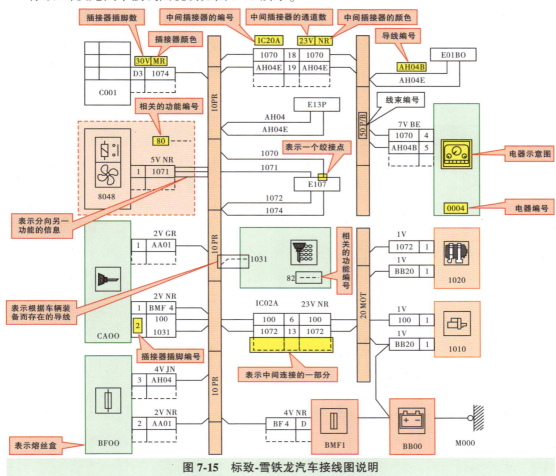

图 7-15　标致-雪铁龙汽车接线图说明

项目十四　国产自主品牌汽车电路图识读说明

一、奇瑞汽车电路图识读示例

1）奇瑞汽车线路颜色含义见表 7-30。

表 7-30　线路颜色含义

缩写字母	颜色	色标	缩写字母	颜色	色标	缩写字母	颜色	色标
B	黑色		R	红色		L	蓝色	
P	粉色		Gr	灰色		Y	黄色	
W	白色		G	绿色		V	紫色	
Br	棕色		O	橙色		Lg	浅绿色	

导线标注含义说明：

2）奇瑞汽车电路中主要电气符号说明见表7-31。

表7-31 电气符号说明

符号	含义	符号	含义
	线路连接	M	电动机
	插接件	⊗	灯泡
	继电器		开关控制
	屏蔽线		电阻元件
	屏蔽线		电磁线圈
	搭铁		发光二极管

3）奇瑞汽车电源及搭铁线说明。

30(1)（B+）：来自蓄电池正极端(不经过任何熔丝)的电源供给线。

15A(IGN1)：由点火开关的2号端子直接输出的电源供给线。

15B(IGN2)：由点火开关的5号端子直接输出的电源供给线。

15C(ACC)：由点火开关的3号端子直接输出的电源供给线。

K-LINE：诊断用线。

LIN：BCM-防盗喇叭，BCM-TDM通信线。

B-CANH(HIGH)、B-CANH（LOW）：模块间不走 PIN 信号的通信线。
GROUND：搭铁线。

4）奇瑞汽车电路图识读说明，如图 7-16 所示。

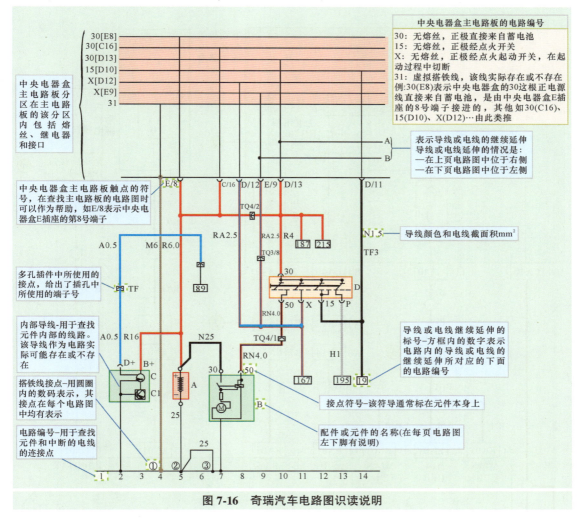

图 7-16　奇瑞汽车电路图识读说明

二、吉利汽车电路图识读示例

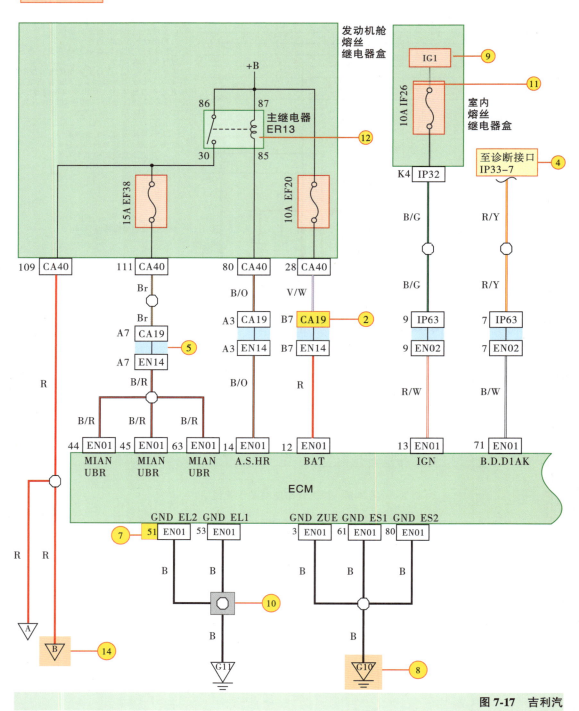

图7-17 吉利汽

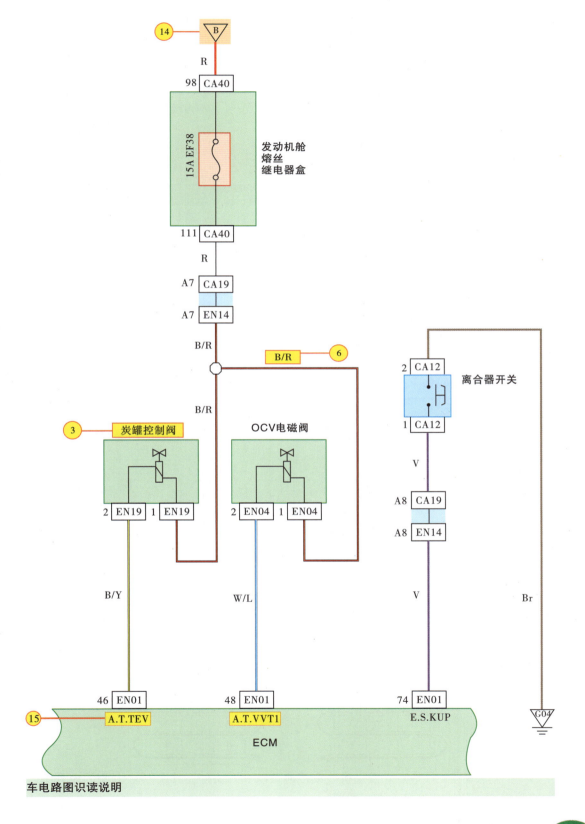

车电路图识读说明

吉利汽车电路图说明（以下圈码与图7-17中圈码对应）
① 系统名称。
② 线束连接器编号。
吉利汽车电路图的线束连接器的编号规则以线束为基准，例如发动机舱线束中的后洗涤器电动机线束连接器编号为CA08，其中CA为线束代码，08为连接器序列号。
注意：
＊门线束定义包括四个车门线束。
＊下表为各代码代表的线束。

定义	线束名称	定义	线束名称
CA	发动机舱线束	SO	底板线束
EN	发动机线束	DR	门线束
IP	仪表线束	RF	室内灯线束

③ 部件名称。
④ 显示此电路连接的相关系统信息。
⑤ 插头间连接采用细实线表示，并用灰色阴影覆盖，用于与物理线束进行区别。物理线束用粗实线表示，颜色与实际导线颜色一致。
⑥ 导线颜色代码如下表。

颜色代码	导线颜色	示例	颜色代码	导线颜色	示例
B	黑色		O	橙色	
Gr	灰色		W	白色	
Br	棕色		V	紫色	
L	蓝色		P	粉色	
G	绿色		Lg	浅绿色	
R	红色		C	浅蓝色	
Y	黄色		Na	透明色	

如果导线为双色线，则第一个字母显示导线底色，第二个字母显示条纹色，中间用"/"分隔。

例如：标注为G/B的导线即为绿色底黑色条纹。

⑦ 显示接插件的端子编号，注意相互插接的线束连接器端子编号顺序互为镜像，如下图所示。

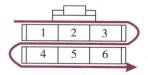

⑧ 接地点编号。接地点除发动机线束接地点以P开头外，其余以G开头的序列编号标识。接地点详细位置参见接地点布置图。

⑨ 供给于熔丝上的电源类型。
⑩ 导线节点。

未连接交叉线路

相连接交叉线路

⑪ 熔丝编号由熔丝代码和序列号组成，位于发动机舱的熔丝代码为 EF，室内熔丝代码为 IF。熔丝详细编号参见熔丝列表。
⑫ 继电器编号用单个英文字母标识，参见继电器列表。
⑬ 如果电路线与线之间使用 8 字形标识，表示此电路为双绞线，主要用于传感器的信号电路或数据通信电路，实例见下图（图 7-17 中未示出）。

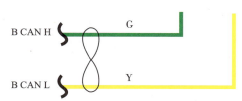
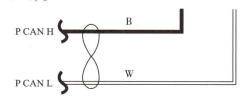

⑭ 如果一个系统内容较多，线路需要用多页表示时，线路起点用 ▶ 表示，线路到达点则用 ◀ 表示。如一张图中有一条以上的线路转入下页，则分别以 B、C 等字母表示，以此类推，实例见下图。

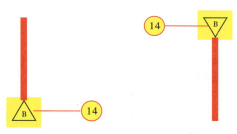

⑮ 端子名称。

三、荣威-名爵-大通等上汽品牌汽车电路识读说明

1. 常用电气部件符号

符号	名称	符号	名称
─▭─	电阻	30 87a / 86 87 85	5 PIN 继电器
─▱─	可变电阻	30 87 / 86 85	4 PIN 继电器
─/ ─	常开开关	Ⓜ	电动机
─\ ─	常闭开关	Ⓒ	压缩机
─▢─	按钮式开关		

185

(续)

	负载		低音扬声器
	灯泡		高音扬声器
	LED 灯		天线
	二极管		

2. 不同熔丝符号

	大容量螺栓式熔丝		慢熔型熔丝
	中等容量螺栓式熔丝		快熔型熔丝

四、长安品牌汽车电路图识读说明

1. 导线线色代码释义

线色	代码	中文	线色	代码	中文
Black	B	黑色	Light Green	Lg	浅绿
Blue	L	蓝色	Orange	O	橙色
Brown	Br	棕色	Pink	P	粉红
Yellow	Y	黄色	Purple	V	紫色
Green	G	绿色	Red	R	红色
Gray	S	灰色	White	W	白色

2. 常用电气符号

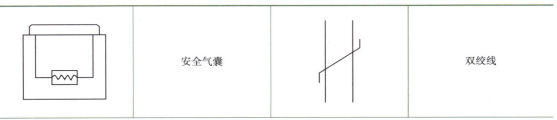

	安全气囊		双绞线

（续）

符号	名称	符号	名称
	增压压力温度传感器		安全带开关
	灯泡		倒车雷达探头
	电动机		爆燃传感器
	转速传感器		继电器
	冷却液温度传感器		燃油位置传感器
	前刮水器电动机		开关
	电喇叭		车窗开关

五、长城品牌汽车电路图识读说明

1. 熔丝盒与电源说明

仪表板左侧内部的熔丝盒为一号熔丝盒,发动机舱左侧内部的熔丝盒为二号熔丝盒。

30 代表常电源线,来自蓄电池正极熔断器,容量为 60A,来自熔断器 L01。

30a 代表常电源线,来自蓄电池正极熔断器,容量为 60A,来自熔断器 L02。

30b 代表常电源线,来自蓄电池正极熔断器,容量为 60A,来自熔断器 L03。

30c 代表常电源线,来自蓄电池正极熔断器,容量为 60A,来自熔断器 L04。

15 代表卸荷继电器线,点火开关处于"ON"时,由 IG2 继电器供电,点火开关处于"START"时,停止供电。

15a 代表小容量电器的电源线,在点火开关处于"ON"时,由点火开关 IG1 直接供电。

15b 代表小容量电器的电源线,在点火开关处于"ON"时,由点火开关 IG2 直接供电。

X 代表小容量电器的电源线,当点火开关处于"ACC"时,由 ACC 继电器供电。

2. 导线颜色字母含义

电线颜色	黑	白	红	绿	浅绿	黄	棕	蓝	灰	紫	橙	粉
代号	B	W	R	G	Lg	Y	Br	Bl	Gr	V	Or	P

单色电线的颜色标注直接使用上表中的字母,双色电线的颜色标注第一位为主色,第二位为辅助色。

如 0.5BrGr 表示棕色导线带灰色细线,截面积为 0.5mm^2。

模块八　新能源汽车高压系统电路识读与维修

项目一　高压电池系统电路识读与维修

一、高压电池系统电路概述

纯电动汽车的高压电池相当于燃油车辆的燃油箱，它是电动驱动装置的蓄能器。以宝马 i3 电动汽车为例，高压电池单元由以下主要组件构成：
- 带有实际电池的电池模块。
- 电池监控电子装置。
- 安全盒。
- 蓄能器管理电子装置（SME）控制单元。
- 带散热器或选装配置加热装置的热交换器。
- 导线束。
- 接口（电气、制冷剂、排气）。
- 壳体和固定部件。

高压电池单元除高电压接口外还带有一个 12V 车载网络接口。此外，它还为集成式控制单元提供电压、总线信号，传感器信号和监控信号。为了对高压电池进行冷却，将其接入制冷剂循环回路内。

图 8-1 展示了高压电池单元的内部电气结构，从该电路图中可以看出，除汇集在八个电池模块内的电池本身外，宝马 i3 的高压电池单元还包括以下电气/电子部件：
- 蓄能器管理电子装置（SME）控制单元。
- 八个电池监控电子装置（电池监控电路 CSC）。
- 带接触器、传感器和熔丝的安全盒。
- 电气加热装置控制装置（选装）。

除电气组件外，高压电池单元还包括制冷剂管路、冷却通道以及电池模块的机械固定元件。

在宝马 i3 的高压电池单元内带有一个控制单元，即蓄能器管理电子装置（SME）。SME 控制单元主要执行以下任务：
- 由电机电子装置（EME）根据要求控制高电压系统的启动和关闭。
- 分析所有电池的电压和温度，以及高电压电路内电流强度的测量信号。
- 控制高压电池单元冷却系统。
- 确定高压电池的充电状态（SOC）和老化状态（SOH）。
- 确定高压电池的可用功率并根据需要对电机电子装置提出限制请求。

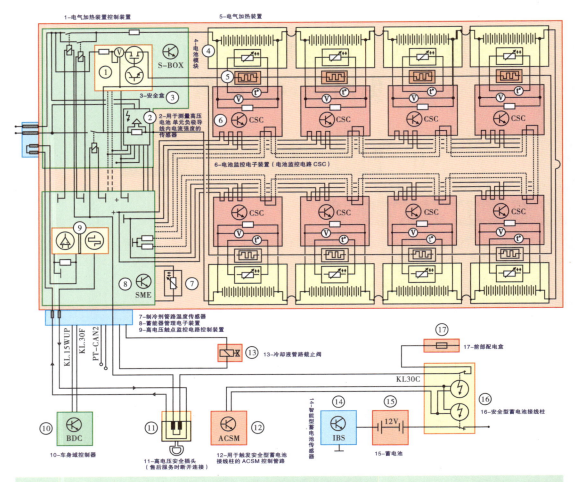

图 8-1　高压电池单元内部结构
1—电气加热装置控制装置　2—用于测量高压电池单元负极导线内电流强度的传感器　3—安全盒　4—电池模块　5—电气加热装置　6—电池监控电子装置(电池监控电路 CSC)　7—制冷剂管路温度传感器　8—蓄能器管理电子装置　9—高电压触点监控电路控制装置　10—车身控制器　11—高电压安全插头(售后服务时断开连接)　12—用于触发安全型蓄电池接线柱的 ACSM 控制管路　13—冷却液管路截止阀　14—智能型蓄电池传感器　15—蓄电池　16—安全型蓄电池接线柱　17—前部配电盒

- 安全功能(例如电压和温度监控、高电压触点监控,绝缘监控)。
- 识别出故障状态,存储故障码记录,并向电机电子装置发送故障状态。

二、高压电池系统电路识读示例

电池管理系统(BMS)通过采集电池包内部各个电池模块的电压、温度以及母线电流等信息,评估电池包状态,实时估算电池包剩余电量、纯电续驶剩余里程、寿命状态等,管理车载充电与非车载充电,向整车控制器提供电池包信息,响应整车高压回路通断命令,从而给整车提供能源。

电气分配单元(EDM)通过主正、主负、快充、慢充和预充继电器控制电池包所有的高压电路输出。同时 EDM 还具有预充功能和电流冗余检测(莱姆电流传感器)功能;手动维修开关(MSD)用于紧急情况或维修高压部件时,从物理上断开电池包高压输出。电池冷却采用自然冷却或水冷冷却方式。

以 2019 款荣威 Ei5 电动汽车为例，其高压电池系统电路如图 8-2 所示。

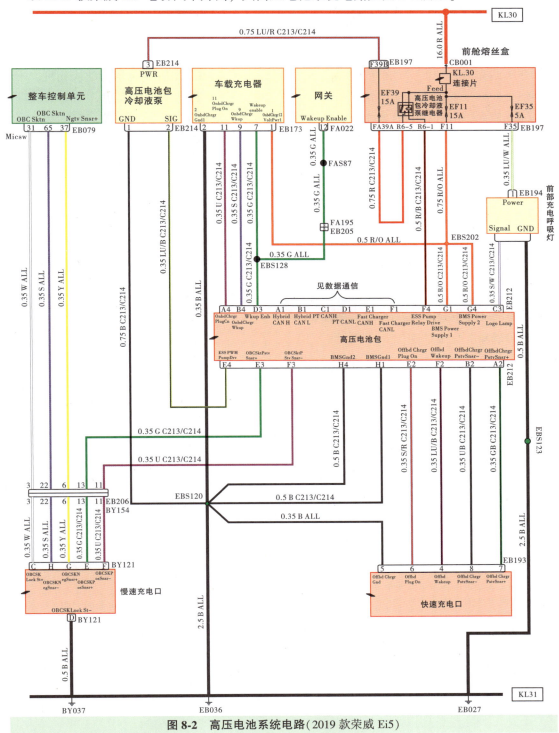

图 8-2 高压电池系统电路（2019 款荣威 Ei5）

高压电池包通过两路独立的 CAN 网络，分别与整车、车载充电器通信，提供高压电池包的状态给整车控制器，通过不同高压继电器的通断，控制各个高压回路的通断，实现充放电管理和高压电池包电池状态的指示。

车载充电管理使用交流充电（慢充）接口，通过车载充电器为高压电池包进行充电，并提供预约充电功能。

非车载充电管理支持 GB/T 27930—2011 和 GB/T 27930—2015 两种国标的快充桩，不支持其他企业标准或国外标准的快充桩。车辆停止后，挂 P 档，插入快充枪，充电连接灯亮起，完成快充桩设置，电池管理系统开始与快充桩进行连接确认、通信、闭合继电器，充电桩开始向车辆充电，充电指示灯亮起，充电呼吸灯亮起。充电完成后，充电桩显示充电结束，充电呼吸灯、充电指示灯熄灭。然后拔下快充枪，充电连接灯熄灭。在充电过程中，若想终止充电，应先在快充桩上进行操作，终止充电，确保快充桩显示充电电流降到 0，充电结束后，再拔枪，以免发生危险。

通过水冷或自然冷却方式实现高压电池包的热管理。

高压安全管理实现绝缘电阻检测、高压互锁检测、碰撞检测功能，具备故障检测管理及处理机制。系统通过车载和非车载充电器的连接线检测，控制整车的充电状态和充电连接状态灯的指示。

三、高压电池系统故障维修案例

故障现象：比亚迪唐 DM 车辆无 EV 模式，高压电池管理器报 BIC1——16 CAN 通信超时故障。

检修过程：

1）车辆 ON 档上电，先清除故障码，然后 OFF 档下电，断开低压蓄电池后重新上电。

2）故障码重现，先检查驾驶人座椅下方电池包低压接插件是否正常。

3）ON 档上电时，检测电池包到管理器之间的线束 BIC 供电是否正常。

① 检查高压电池管理器端 K158-6、K158-7 对地电压是否约为 12V，管理器电路如图 8-3 所示，若不正常检查高压电池管理器低压供电是否正常。

② 检查线束端（采样线束母端）K161-A、K161-B 对地电压是否约为 12V，电池包电路见图 8-4，若不正常更换该线束。

4）若以上电压均正常，需要检查 CAN 线，在 ON 档上电时测量 K161-f 对地电压是否为 1.5~2.5V，K161-j 对地电压是否为 2.5~3.5V，若不正常测量与 K158 之间端子导通电阻是否<1Ω，不符合更换该线束，符合更换 BMS 测试。

5）测量 BIC 的 CAN 终端电阻（采样线公端），K161-f 与 K161-j 阻值为 120Ω 左右；CANH/L 与屏蔽电阻，K161-f/K161-j 与 K161-e 应大于 1MΩ。

6）若车辆测量以上均正常，且替换 BMS 无法排除故障，确认为高压电池包内部 CAN 网络故障，更换高压电池包后故障排除。

故障排除：更换高压电池包。

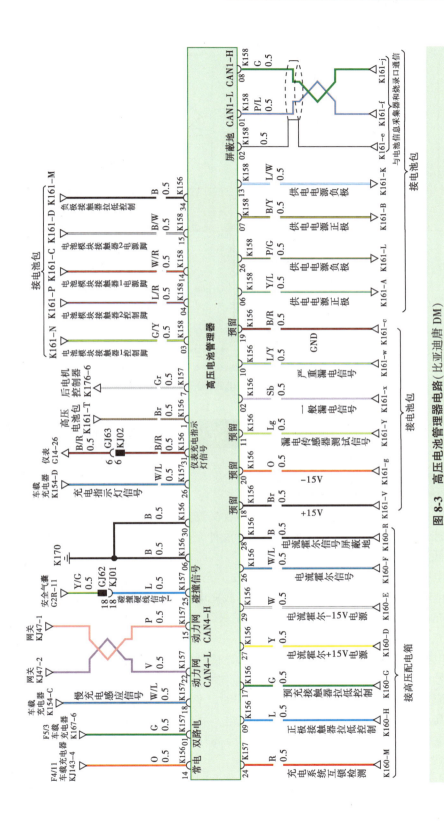

图 8-3 高压电池管理器电路（比亚迪唐 DM）

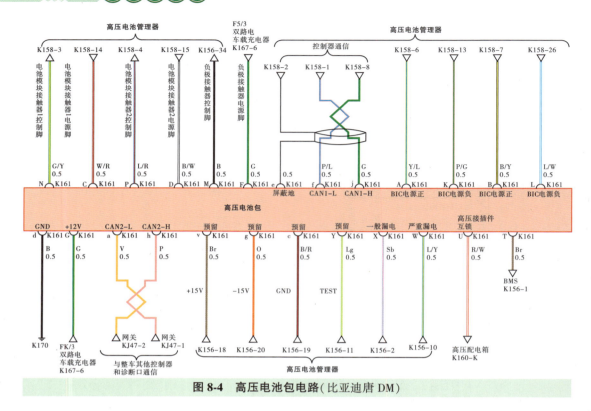

图 8-4　高压电池包电路(比亚迪唐 DM)

项目二　高压充电系统电路识读与维修

一、高压充电系统电路概述

以江淮新能源车型为例，电动车辆一般具有交流充电和直流充电两种功能。其中交流充电包括充电桩充电和家用电源充电两种方式，每种充电方式均可选择普通模式、长程模式、长寿模式和低温充电模式四种模式。

交流充电控制流程为：当 VCU 判断整车处于充电模式时，吸合 M/C 继电器，根据高压电池的可充电功率及车载充电机的状态，向车载充电机发送充电电流指令。同时，车载充电机吸合交流充电继电器，VCU 吸合系统高压正极继电器和高压负极继电器，高压电池开始充电。交流充电控制流程如图 8-5 所示。

直流充电控制流程：当直流充电设备接口连接到整车直流充电口时，直流充电设备发送充电唤醒信号给 VCU，VCU 吸合 M/C 继电器，根据高压电池的可充电功率及车载充电机的状态，向直流充电设备发送充电电流指令。同时，VCU 吸合直流充电继电器、系统高压正极继电器和高压负极继电器，高压电池开始充电。直流充电控制流程如图 8-6 所示。

车载充电机将外部交流电转换成直流电给高压电池充电。充电时，车载充电机根据 VCU 的指令确定充电模式。

车载充电机内部有滤波装置，可以抑制交流电网波动对车载充电机的干扰。高压接线盒接收车载充电机或直流充电桩的电能，并输送给高压电池总成，高压接线盒内部有交流充熔丝、直流充电熔丝、直流充电继电器。充电系统原理框图如图 8-7 所示。

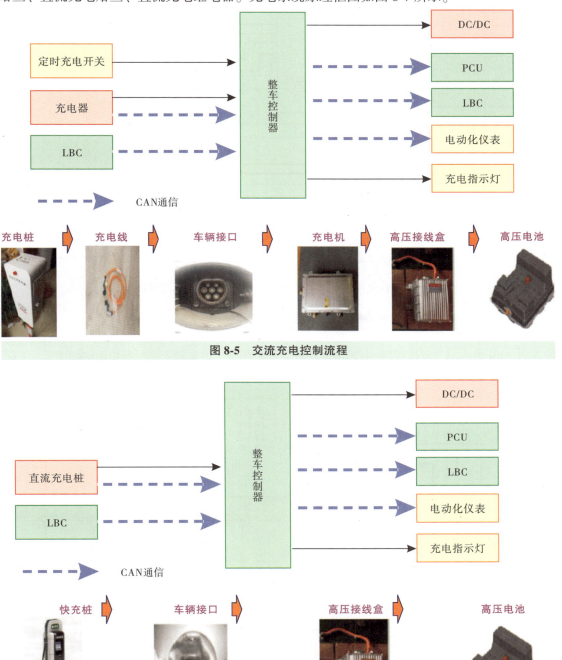

图 8-5　交流充电控制流程

图 8-6　直流充电控制流程

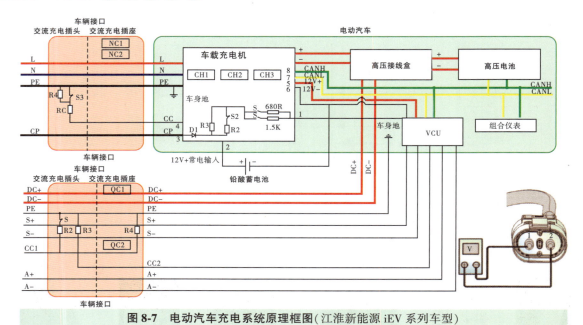

图 8-7 电动汽车充电系统原理框图（江淮新能源 iEV 系列车型）

二、高压充电系统电路识读示例

以 2019 款丰田卡罗拉-雷凌 e+ 插电混动电动汽车为例，该车高压充电系统电路如图 8-8 所示。

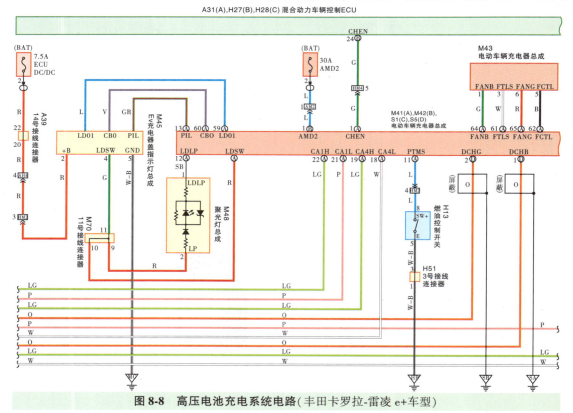

图 8-8 高压电池充电系统电路（丰田卡罗拉-雷凌 e+ 车型）

模块八　新能源汽车高压系统电路识读与维修

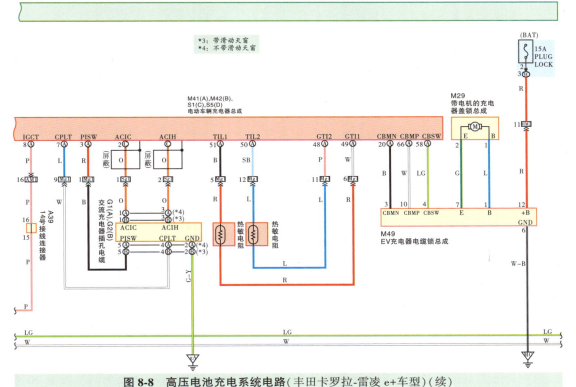

图8-8　高压电池充电系统电路（丰田卡罗拉-雷凌e+车型）（续）

充电系统工作时，充电器总成与充电电缆或插电式充电器进行通信，并将充电电流、电压等信号发送至混合动力车辆控制ECU。根据混动ECU发送的信号进行插电式充电，点亮或闪烁充电指示灯（EV充电口盖指示灯总成）。充电时，通过副DC/DC变换器向辅助蓄电池供电。对来自外部电源的交流电压进行增压，并将其变换为直流电以对高压电池充电。充电总成将锁止和解锁请求信号发送至带电机的充电器盖锁总成，充电时点亮充电口盖照明灯（聚光灯总成）。

混动ECU将充电器工作信号发送至电动车辆充电器总成，接收来自充电器总成的充电许可信号，并将充电器继电器接通请求信号发送至高压电池ECU总成。

高压电池ECU总成接收来自混动ECU的充电器继电器接通请求信号，并接通充电继电器。蓄电池加热系统工作时，接通高压电池加热器继电器。

三、高压充电系统故障维修案例

案例一：直流充电故障

故障现象： 比亚迪e5车型在直流充电桩无法充电，显示起动充电未能成功，尝试更换多个充电桩也无法充电，车辆使用交流充电桩充电时正常。

检修过程：

1）插充电枪后仪表只有充电连接指示灯亮，再无其他充电的相关信息，充电桩上显示充电起动未能成功，但交流可以充电，由此可以判定电池管理器能正常工作，故障应该在直流充电过程中涉及的元器件或线束。

2）因为进行充电时充电连接指示灯点亮，充电桩上却显示充电未能成功起动，所以将故障定位于充电过程中的 CAN 线信息交互失败上。比亚迪 e5 的 CAN 通信线路如图 8-9 所示。

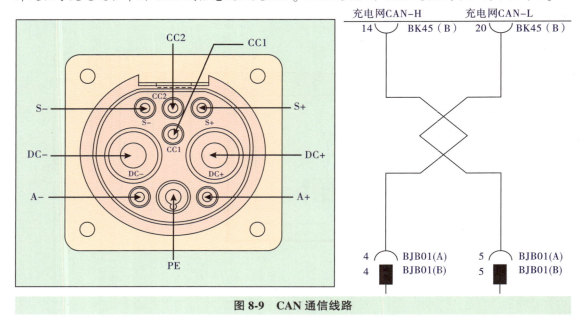

图 8-9　CAN 通信线路

3）插上充电枪充电，测量电池管理器 BK45（B）接插件的 14 号针脚无电压，测量 20 号针脚电压为 2.9V，CAN 线电压正常，为 2.5V 左右。测量电池管理器 BK45（B）接插件的 14 号针脚到充电口 S-端子不导通，电池管理器 BK45（B）接插件的 20 号针脚到充电口 S+端子导通正常。

4）测量充电口的 S-端和 S+端到前舱线束 BJB01（B）接插件 4 号端子和 5 号端子都导通正常，可以排除直流充电口故障。

5）再测量前舱线束 BJB01（A）-5 号端子到电池管理器 BK45（B）-20 号端子导通正常，BJB01（A）-4 号端子和电池管理器 BK45（B）-14 号端子不导通，判定为该线束断路故障导致，更换前舱线束后故障排除。

故障排除：更换前舱线束。

维修小结：

此次故障维修需要非常了解整个直流充电的过程才能在有限的信息下做出正确的判断。

直流充电流程分析：插枪后充电柜检测到 CC1-1kΩ 电阻，确认枪插好，直流充电柜控制吸合直流充电继电器，电池管理器得到双路电可以工作，车辆检测到 CC2-1kΩ 电阻后确认充电柜连接正常，电池管理器控制点亮仪表充电连接指示灯，并与直流充电柜进行 CAN 通信，通信无异常后，直流充电柜输出高压电为车辆充电。

根据直流充电流程，该车辆电池管理器已经控制点亮仪表充电连接指示灯，说明 CC1、CC2 检测已经完成，判断为 CAN 通信未完成，怀疑 CAN 线路或充电口故障导致。

在维修新能源车辆时经常会遇到故障码 U02A200：与主动泄放模块通信故障。该故障码形成原因是：每次高压上电不成功或者充电不成功时，电池管理器内就会报主动泄放模块通信故障，所以维修时不能根据此故障码来确定故障点。

案例二：交流充电故障

故障现象：比亚迪 e5 车辆无法交流充电，仪表一直显示充电连接中；可以上电正常行驶。比亚迪 e5 交流充电口电路如图 8-10 所示。

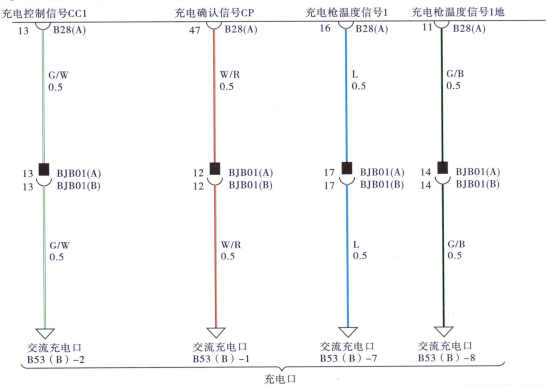

图 8-10 比亚迪 e5 交流充电口电路

检修过程：

1) 分别使用交流充电盒、单相壁挂式充电盒测试，仪表一直显示充电连接中。

2) 如果仪表显示充电连接中，则说明充电设备和整车还没有交互完成。

3) BMS 数据流中显示有充电感应信号-交流，说明 CC 信号正常。

4) VTOG 数据流中 CP 占空比信号一直是 0，说明 CP 信号不正常。

5) 测量交流充电口 CP 针脚与 VTOG 的 64 针接插件 CP 针脚导通性，发现不导通，仔细检查发现 BJB01 的 12 号针脚退针，检修后试车，故障排除。

故障排除：修复接插件受损端子。

维修小结：

处理此类故障，需要掌握充电控制流程。

VTOG 充电流程如下：将交流充电枪插入充电口，VTOG 检测插枪信号（即 CC 信号）后，给 BCM 发出充电连接信号。BCM 控制双路电继电器吸合，BMS 与 VTOG 获得双路电。VTOG 检测 CP 信号、BMS 接收到充电感应信号后自检（无故障），BMS 控制电池包内接触器和预充接触器吸合进行预充（预充完成后，吸合交流充电接触器、断开预充接触器），VTOG 检测到高压电池包的"反灌"电压后，控制交流充电桩输出交流电(给 VTOG)进行充电。

项目三　高压配电系统电路识读与维修

一、高压配电系统电路概述

电动汽车的高压配电系统具体到总成部件就是高压配电箱或分流器。以比亚迪秦车型为例，这个系统的主要作用就是将电池包的高压直流电分配给整车高压电器使用，其上游是高压电池包，下游包括驱动电机控制器及 DC 总成、PTC 加热器、电动压缩机、漏电传感器；也将车载充电器的高压直流电分配给高压电池包。高压配电系统原理框图如图 8-11 所示。

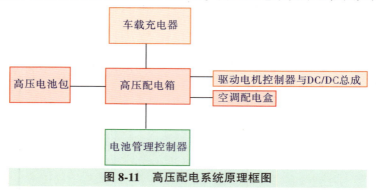

图 8-11　高压配电系统原理框图

二、高压配电系统电路识读示例

以比亚迪 e6 电动汽车为例，该车高压配电电路如图 8-12 所示。

配电箱的作用是对电池包中巨大的能量进行控制，相当于一个大型的电闸，通过接触器（继电器）的吸合来控制电流通断，并将电流进行分流等。关键零部件为接触器，为了控制如此大的电流通过整车，需要通过几个接触器并联工作，这也对接触器工作一致性和可靠性提出了苛刻的要求。

比亚迪 e6 整车高压用电都是由高压配电箱进行分配的，电池管理器内也存在高压电。

三、高压配电系统故障维修案例

故障现象：比亚迪 e6 车辆起动后 OK 灯不能正常点亮，无法行驶，随后仪表报请检查动力系统故障，车辆无法正常充电。读取电池管理器故障码为 P1A5400——一般漏电故障；P1AA100——主预充失败；P1AA200——DC 预充失败。

检修过程：

1) 根据电池管理器故障码，并按照高压上电流程 OK 上电分析，由 MICU 发送起动命令后通过网关控制器，然后给电池管理器和 VTOG 控制器。电池管理器得电收到报文后控制负极接触器吸合，同时电池管理器将进行自检，自检完毕无异常后，吸合预充接触器。电池管理器根据 VTOG 反馈信号，判断预充是否完成，完成后吸合主接触器，OK 灯点亮。分析导致该车 OK 灯不点亮，失败原因为预充失败导致主接触器未吸合。

模块八　新能源汽车高压系统电路识读与维修

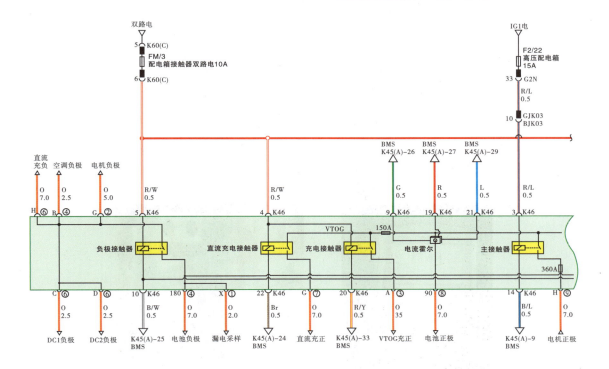

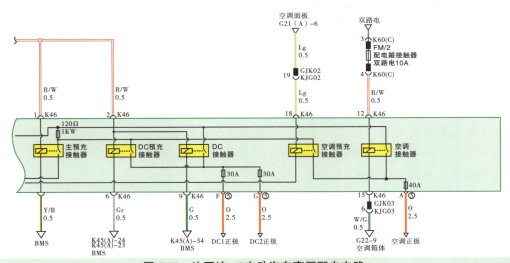

图 8-12　比亚迪 e6 电动汽车高压配电电路

2）打开高压配电箱后准备测量其预充电压，测量发现 150A 充电熔丝已融断。更换 150A 充电熔丝后，起动车辆后 OK 灯点亮，重新关闭再次起动车辆后，OK 灯又无法点亮了，测量充电熔丝再次熔断。

3）充电熔丝二次熔断，怀疑为 VTOG 控制器内部短路故障导致，更换充电熔丝和 VTOG 控制器后起动车辆，第一次起动 OK 灯点亮，然后 2s 后又熄灭。重新再次起动，OK 灯能正常点亮，反复起动测试，起动正常。车辆熄火等待一段时间后，第一次起动 OK 灯还是点亮后 2s 熄灭，仪表显示"请检查动力系统"，重新再次起动，OK 灯正常点亮，车辆恢复正常。测试交流充电,也是插枪后第一次充电不成功,拔枪后再次充电正常。

4)掌握了故障发生规律,OK 灯不能点亮时读取电池管理器故障码为 P1AA100——主预充失败,读取 VTOG 控制器内报 P1B0400——驱动过电压保护故障。读取数据流发现起动车辆时驱动电机母线电压瞬间达到 420V,读取电池管理器数据流电池包总电压为 306V。

5)分析电池包总电压为 306V,而驱动电机母线电压能达到 418V,可能原因有 VTOG 控制器自检错误,因刚更换了新的 VTOG 控制器,所以排除 VTOG 故障。为进一步判定是否是 VTOG 控制器自检错误,打开高压配电箱,测量从电池包正极端到主接触器输入端电压为 308V,从主接触器到 VTOG 控制器正极输出端测量为 433V,排除 VTOG 控制器故障。高压配电箱如图 8-13 所示。

正极输出端测量电压　　　　　高压配电箱内部

图 8-13　高压配电箱检修图示

6)从主接触器输入端电压正常,但主接触器输出端电压异常高。仔细分析高压配电箱高压上电流程和充电流程,根据故障现象每次第一次起动车辆,主接触器不能正常吸合和交流充电第一次不成功,怀疑为主接触器或交流充电接触器故障。测量主接触器吸合正常,测量交流充电接触器发现该接触器一直处于导通状态,该接触器与 VTOG 交流充电正极母线处于导通状态,从而导致预充异常。更换高压配电箱后故障排除。

故障排除:更换高压配电箱总成。

项目四　电机驱动系统电路识读与维修

一、电机驱动系统电路概述

不同的汽车厂商对电机驱动系统的称呼不一样,在北汽新能源车型中,这个系统叫作 MCU(驱动电机控制器)或 PEU(动力电子单元),在上汽荣威-名爵等车型叫作 PEB(电力电子箱),一般我们称之为电机控制器。这里以北汽新能源车型为例,图 8-14 所示为电机驱动系统原理框图。电机驱动系统的控制中心,又称智能功率模块,以 IGBT(绝缘栅双极型晶体管)模块为核心,辅以驱动集成电路、主控集成电路。

对所有的输入信号进行处理,并将驱动电机控制系统运行状态的信息通过 CAN 网络进行共享发送。驱动电机控制器内含故障诊断电路。当诊断出异常时,它将会激活一个错误代码，发送给组合仪表，同时也会存储该故障码和数据。

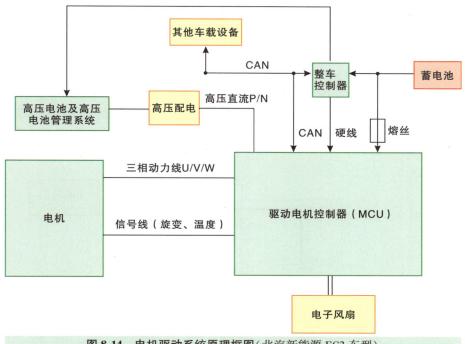

图 8-14　电机驱动系统原理框图（北汽新能源 EC3 车型）

二、电机驱动系统电路识读示例

电机驱动系统主要由电机控制器及驱动电机组成。电机驱动系统是车辆控制的直接参与机构，它实现了电能到机械能的转换。它的主要功能如下：转矩解析，实现整车驱动；对自身进行故障诊断和标定；电机转速及工作温度的测量。它由驱动电路、功率电路、诊断电路、电源电路等组成。

电机控制器采用脉宽调制技术，根据车辆控制器的转矩命令，控制功率电路中电力电子元器件的关断，将高压电池的高压直流电转换为交流电，从而驱使驱动电机工作。

在能量回收和发电机工况时，会将三相交流电转换成直流电，用于给高压电池充电。

电机控制器采集驱动电机中旋转变压器的信号，计算出电机的转速，通过 CAN 线传递给车辆控制器。

电机控制器通过温度传感器采集驱动电机及自身的工作温度，通过 CAN 线传递给车辆控制器。

电动汽车起动前，需对电机驱动系统进行预充电。预充电可减小高电压对电机驱动系统的冲击。点火开关旋到 ON 档，BMS 接收到"ON"信号，开始自检。BMS 自检无故障后，预充电接触器闭合，电机控制器高压直流端得电。若在 3s 内，电机控制器内部高压直流端电压与高压直流母线电压压差小于 8V，则判断预充电完成。组合仪表上的"READY"指示灯点亮。否则，预充电失败。预充电失败，无法起动车辆，整车故障警告灯点亮。

电池管理系统判断预充电成功后，控制主正极接触器与主负极接触器闭合，电机控制器、分线盒输入端得电。

电动汽车一般采用三相交流异步电机作为驱动电机，其分定子、转子两部分。当三相交流电流流入异步电机定子绕组时，产生交流旋转磁场，旋转磁场切割转子导条，从而在转子导条中产生感应电流，载流的转子导条在定子旋转磁场中受洛伦兹力作用，从而形成电磁转矩，驱动电机转子旋转。电机端部安装有旋转变压器，通过磁场变化产生信号电压，经编码器解码后得到电机转速。

电机控制器检测电机的温度、磁极位置及转速，并将电机与自身运行状态通过 CAN 线传递给车辆控制器，车辆控制器综合车辆各种信号通过 CAN 线控制电机控制器工作，将高压电池的高压直流电转换为三相交流电控制车辆的运行。图 8-15 所示为众泰芝麻电动汽车电机驱动系统电路。

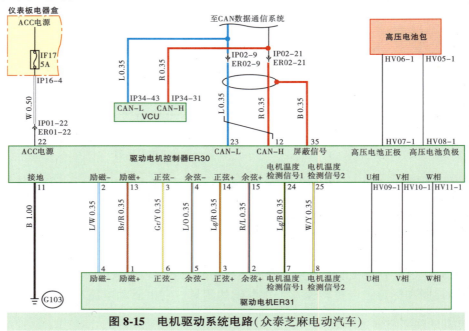

图 8-15　电机驱动系统电路（众泰芝麻电动汽车）

三、电机驱动系统电路故障维修案例

案例一：前驱动电机控制器故障

故障现象：比亚迪唐车型仪表提示"请检查动力系统，请检查车辆网络"。

检修过程：

1) 起动发动机，凉车时急速正常，但热车后仪表显示"请检查动力系统，请检查车辆网络，电子驻车系统"。

2) 用 VDS1000 读取电池管理器故障为 U011000：与电机控制器失去通信故障；读取后驱动电机控制器故障为 P1C0D00：与前驱动电机失去通信故障，在扫描过程中前驱动电机控制器不存在。

3) 热车出现故障时，在诊断口测量动力网 12 号 CAN H 线电压为 2.61V，13 号 CAN L 线电压为 2.38V，阻值为 62.2Ω。ECM 网 9 号 CAN H 线电压为 2.53V，10 号 CAN L 线电

压为 2.15V，阻值为 61.7Ω。ESC 网 6 号 CAN H 线电压为 2.62V，14 号 CAN L 线电压为 2.36V，阻值为 61Ω。相关电路见图 8-16。

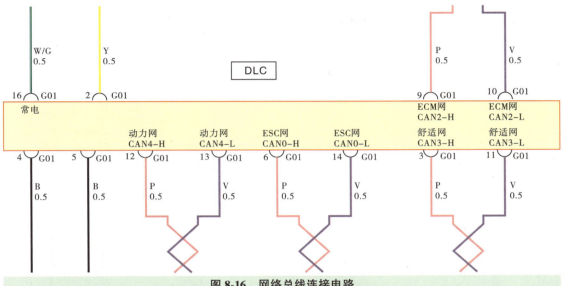

图 8-16　网络总线连接电路

4）故障出现时断开前驱动电机控制器插接件，测量 ECM 网驱动电机控制器 CAN H B51-37 电压为 2.22V（故障时有时测量为 4.84V），CAN L B51-36 电压为 2.34V（故障时有时测量为 4.42V），ECM 网 DC-DC CAN H B51-1 电压为 2.71V（故障时有时测量为 4.84V），B51-16 CAN L 电压为 2.34V（故障时有时测量为 4.42V）。测量 B51-18 DC 双路电源电压为 13.13V，B51-3 DC 双路电源电压为 13.13V，B51-2、B51-17#DC 电源地正常，B51-59/61 电源地正常，测量 B51-62/60 电压为 13.13V。驱动电机控制器网络总线电路如图 8-17 所示。驱动电机控制器连接电路如图 8-18 所示。

5）怀疑为前驱动电机控制器故障导致，替换前驱动电机控制器试车 3 天，确认故障排除。

故障排除：更换前驱动电机控制器。

案例二：后驱动电机故障

故障现象：比亚迪唐行驶时没有 EV 模式。
检修过程：

1）用 VDS1000 检查后驱动电机控制器，读取故障码为：
① P1C0D00：后驱动电机旋变故障信号丢失。
② P1C1300：后驱动电机控制器电流霍尔传感器 A 故障。

2）试着清除故障码，P1C0D00 无法清除。

3）测量线束端 K176-15 和 K176-8 电阻为 2.1Ω，测量 K176-14 和 K176-7 电阻为 1.9Ω，测量 K176-23 和 K176-22 电阻为 4.5Ω。查询维修手册驱动电机的正弦、余弦的电阻为 15~19Ω，励磁电阻为 7~10Ω，判定为后驱动电机故障。后驱动电机控制器电路如图 8-19 所示。

故障排除： 更换后驱动电机后故障排除。

专家点评： 电机旋变故障，线束端测量有异常时，要在电机端测量，确认是电机旋变故障还是线束故障，避免误换。

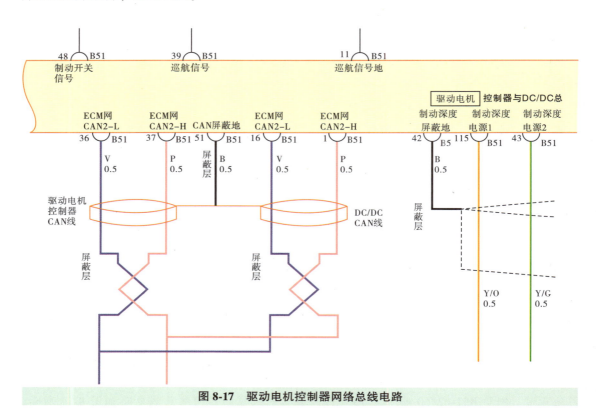

图 8-17 驱动电机控制器网络总线电路

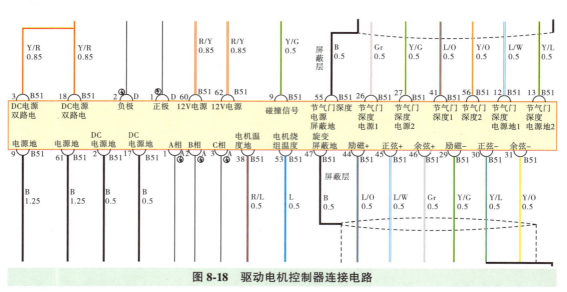

图 8-18 驱动电机控制器连接电路

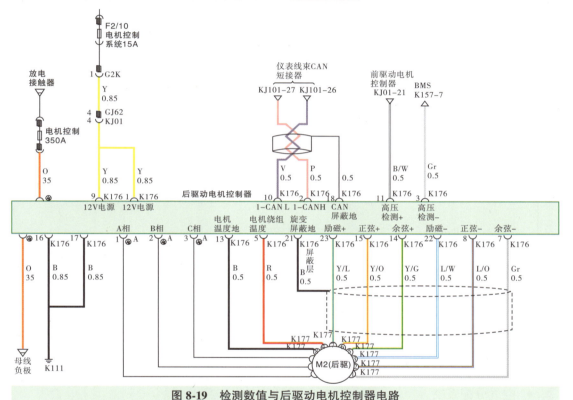

图 8-19 检测数值与后驱动电机控制器电路

项目五 温度管理系统电路识读与维修

一、温度管理系统电路概述

驱动电机转子高速旋转会产生高温，热量通过机体传递，如果不加以降温，驱动电机将无法正常工作，所以驱动电机机体内设置有冷却液道，通过冷却液的循环与外界进行热交换。这样能将驱动电机的工作温度保持在一定范围内，防止驱动电机过热。

车载充电机（如配备）工作时将高压交流电转化成高压直流电，转化过程中会产生大量的热量，因此车载充电机内部也有冷却液道，通过冷却液的循环降低车载充电机的工作温度。

电机控制器不但控制驱动电机的高压三相供电，还要将高压电池的高压直流电转化成低压直流电为铅酸蓄电池充电。在此过程中会产生热量，需要通过冷却液循环散热。冷却系统的作用就是通过冷却液循环散热为驱动电机、车载充电机（如配备）、电机控制器这三大部件进行散热。以吉利帝豪 EV 车型为例，驱动单元冷却系统框图如图 8-20 所示。

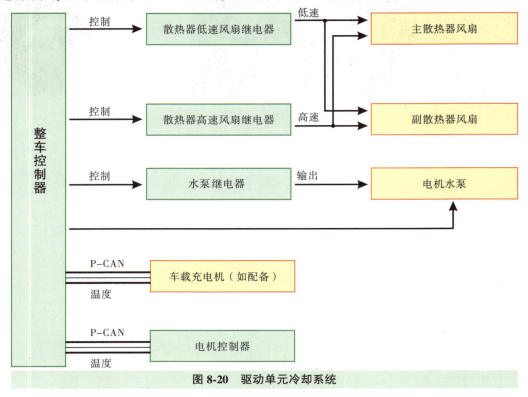

图 8-20　驱动单元冷却系统

电动汽车的自动空调系统与燃油汽车空调系统的原理结构及功能是一样的，空调系统由下列主要部件组成：
- 制冷系统。
- 制热系统。
- 空气分配系统。
- 模式/温度控制系统。

制冷时，压缩机受高压电驱动，从蒸发器中抽取气态制冷剂并将其压缩。制冷剂的温度升高至 83~110℃，压力达到 1470kPa。

高压过热制冷剂被传送至冷凝器中，此时制冷剂内的热量被输送至冷凝器散热片的空气带走了，因为热量的散失制冷剂被冷却，温度降至 53~70℃。

制冷剂在高压下被送至储液干燥器中，储液干燥器作为储存中介，过滤所有夹杂在制冷剂中的水分。

干燥过的制冷剂被送至膨胀阀入口处，膨胀阀对进入蒸发器中的制冷剂流量进行节流减压控制，从膨胀阀出来的雾状制冷剂压力为 200kPa，温度降到 0~2℃。

雾状制冷剂在蒸发器中受热蒸发。最后，鼓风机把空气经过蒸发器表面吹向各出风口，因为蒸发器内部制冷剂的蒸发吸热，把经过蒸发器表面的空气中的热量吸收，所以出风口的温度远远低于环境温度。经过蒸发的低压制冷剂气流从蒸发器流至膨胀阀，此时的制冷剂压力为200kPa，温度升高到5～8℃。

最后，低压制冷剂气流回流至压缩机经过再一次的压缩，至此，空调制冷剂完成一个工作循环。

制热系统由鼓风机和电加热器（PTC）、加热器水泵、加热器芯体等组成。

当自动空调系统处于加热模式时，加热器在高压电的作用下对冷却液进行加热，高温冷却液被加热器水泵抽入加热器芯。同时，冷暖温度控制电机将温度控制装置转至采暖位置，部分或全部气流在鼓风机的作用下旁通至加热器芯，产生热量传递。任何不用加热的空气，将在进入乘客舱前，与加热后的空气混合，以获得温度合适的空气。

2017款吉利帝豪EV的空调控制系统原理框图如图8-21所示。

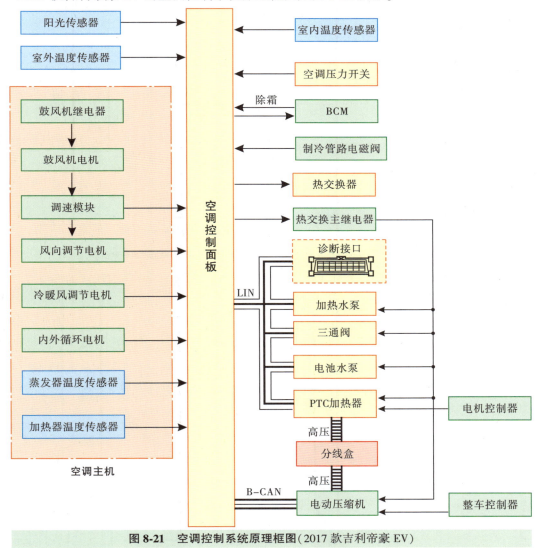

图8-21　空调控制系统原理框图（2017款吉利帝豪EV）

二、温度管理系统电路识读示例

以北汽新能源EU5车型为例，高压冷却系统采用串联结构，水泵为散热器、水道内的冷却液提供动力,将低温冷却液泵入 PEU、驱动电机等发热元件,串联成闭环水路。冷却液吸热后变热,热冷却液随后进入散热器,通过风扇吸过散热器的冷空气与散热器中的热冷却液进行热交换,冷却液变为低温冷却液,随之通过水泵继续循环工作。膨胀水箱在整个循坏中主要起到补水防气蚀及提供膨胀空间的作用。电子风扇与水泵电路如图 8-22 所示。

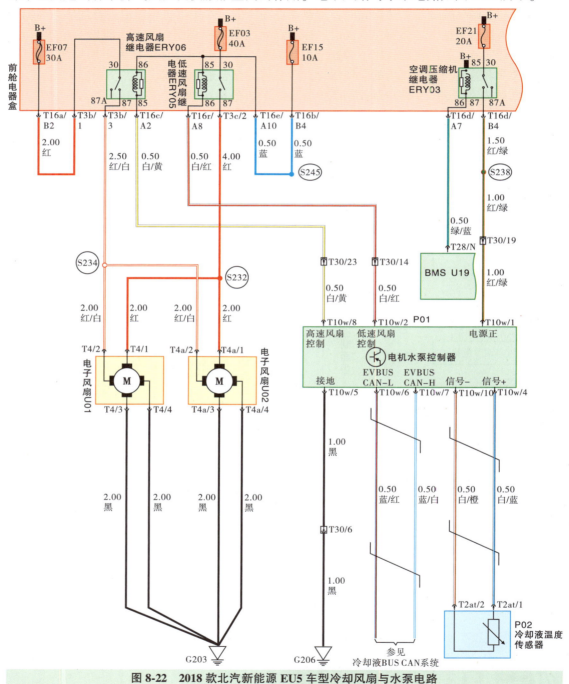

图 8-22 2018 款北汽新能源 EU5 车型冷却风扇与水泵电路

汽车空调系统是对车厢内空气进行制冷、加热、除湿、通风换气、空气净化(选装)的装置。可提供舒适的乘车环境，降低驾驶人的疲劳强度，提高行车安全。

空调系统利用空气的热传递效应将空气中的热量向低温处传播；当蒸发器处于低温时，会吸收外部热量，制冷剂作为传导介质被压缩机抽走，经压缩机压缩后温度上升，此时制冷剂温度比外部环境温度高出许多，高温制冷剂流进冷凝器内，通过电子风扇向外界排放热量，降低温度，然后经膨胀节流作用生成低温制冷剂流入蒸发器，不断地抽取车厢内的热量，从而达到降温效果。

空调系统主要由空调压缩机、冷凝器、蒸发器、膨胀阀、储液干燥器（集成在冷凝器中）、管道、冷凝风扇、鼓风机电机和控制器等组成。图8-23、图8-24所示为北汽新能源EU5车型空调系统电路。

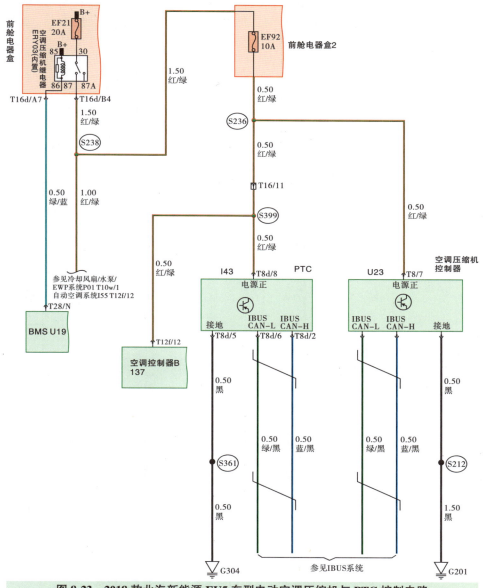

图8-23　2018款北汽新能源EU5车型电动空调压缩机与PTC控制电路

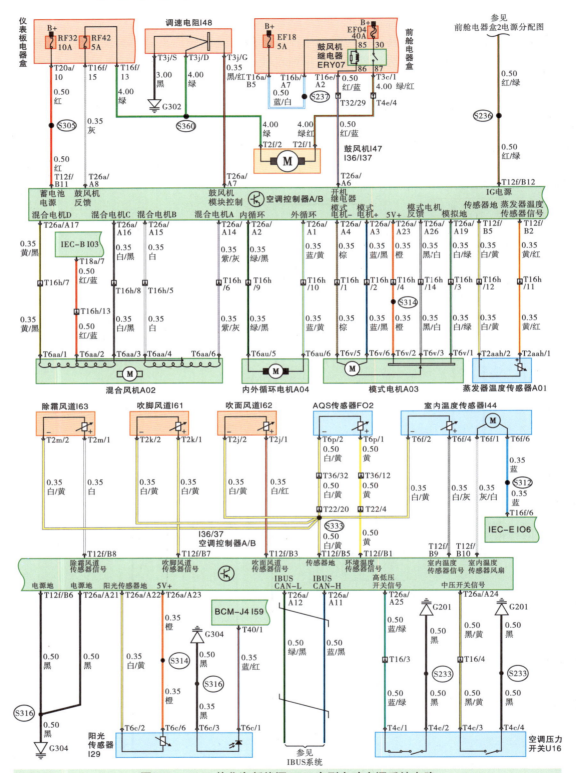

图 8-24 2018 款北汽新能源 EU5 车型自动空调系统电路

三、温度管理系统电路故障维修案例

案例一：电子水泵故障

故障现象：比亚迪 e5 汽车行驶 3300km，在急加速或行驶一段里程后出现严重顿挫车现象；仪表故障指示灯不亮，但功率表会从 25kW 掉到 10kW，且来回无法稳定。

检修过程：

1) 使用 VDS1000 诊断仪检测，没有存储历史故障码，且在 VTOG、电池管理器数据流中未发现异常。

2) 试车至故障出现时查看 VTOG 数据流发现：电机转矩 62 和电机功率 26 瞬间掉到 0，且来回跳动。

3) 进一步查看发现出现顿挫车时，IGBT 温度达到 99℃，分析顿挫车正是由于 IGBT 过温导致的功率限制。

4) 检查冷却系统：电子风扇工作正常，风扇控制电路见图 8-25；检查电子水泵发现没有运转，测量电子水泵接插件供电电压为 13.41V，正常，水泵控制电路见图 8-26。

5) 更换电子水泵试车，故障排除，查看 VTOG 数据流 IGBT 温度为 43℃，恢复正常。

故障排除：更换电子水泵。

维修小结：本故障是在行驶一段里程或急加速（大功率输出）后才出现问题，初步可以排除机械类故障原因。另外，注意多结合数据流来分析，很快就可能找出故障点。

案例二：电动空调压缩机故障

故障现象：比亚迪 e6 车辆行驶过程中从 D 位挂入 P 位后，车辆 OK 灯熄灭，仪表报请检查动力系统故障。把车辆拖回维修车间后，故障消失，车辆 OK 灯能正常点亮。读取电池管理器故障码 P1A5300：严重漏电故障；P1A5400：一般漏电故障；VTOG 控制器故障码 P1B0200：驱动欠电压保护故障；P1B0300：主接触器异常故障。

检修过程：

1) 为测试故障，清除所有故障码，车辆行驶 5km 左右后，等红灯时从 D 位挂入 P 位后，车辆 OK 灯熄灭，仪表报请检查动力系统故障。

2) 用诊断仪读取电池管理器故障码 P1A5300：严重漏电故障；P1A5400：一般漏电故障；VTOG 控制器故障码 P1B0200：驱动欠电压保护故障；P1B0300：主接触器异常故障。

3) 把车辆拖回维修车间后，因报严重漏电故障，怀疑高压线或者某高压元件漏电导致，排查所有高压线无异常。因维修漏电故障，只能逐一断开高压元件测试，按照从易到难的方法，先把 DC 及空调驱动器输入端断开后，起动车辆，车辆恢复正常。

4) 故障锁定在 DC 及空调驱动器本身漏电或者 PTC 和电动压缩机，插上 DC 及空调驱动器输入端故障再现，断开 DC 及空调驱动器到电动压缩机的高压接插件后，测试故障消失。更换电动压缩机后故障排除。

维修小结：维修漏电故障要逐一断开高压元件模块测试，根据故障现象分析总结，这样才能快速找到故障点和降低误判率。

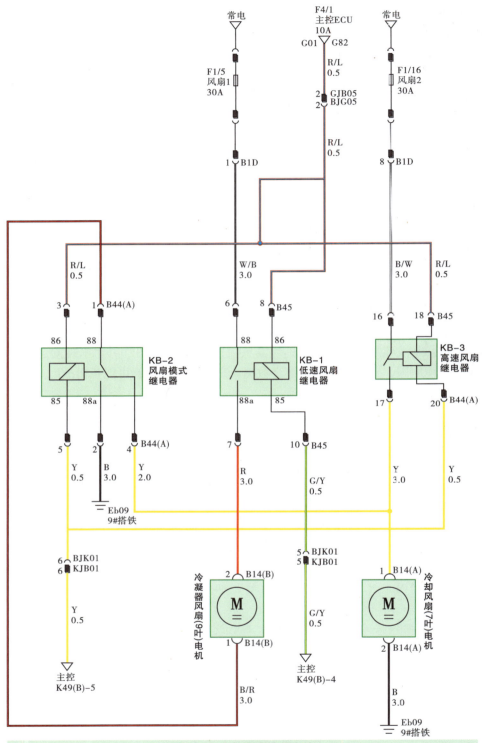

图 8-25　冷却风扇控制电路

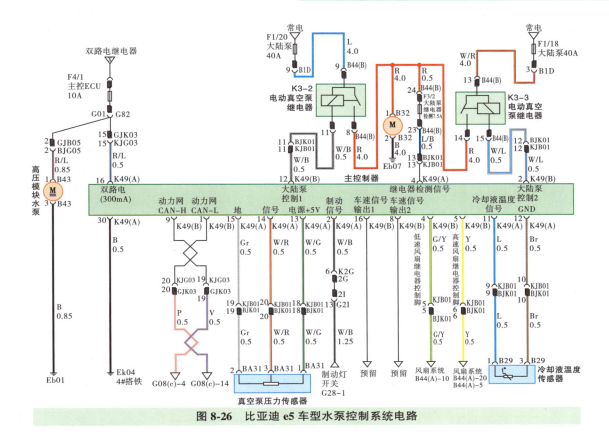

图 8-26 比亚迪 e5 车型水泵控制系统电路

项目六 整车控制系统电路识读与维修

一、整车控制系统电路概述

整车控制器（VCU）的功能是根据加速踏板信号和档位状态解释驾驶人的驾驶意图，依据动力系统部件状态协调动力系统输出动力。另外，VCU 具有冷却风扇控制、仪表显示等辅助功能。

1. 驾驶人意图分析——制动与加速

VCU 读取换档控制单元（SCU）的 PRND 信息及制动开关信号。VCU 根据加速踏板的位置信号，发送给驱动电机控制单元（MCU）进行输出控制。

当外部充电线连接在车上时，VCU 将接收到 BMS 的充电进行中信息，此时整车控制系统将禁止车辆移动。

2. 动力模式管理

1）VCU 能够根据车辆状态获取期望的转矩并将这些信息发送到 MCU。

2）BMS 监控当前高压电池包的状态并反馈给 VCU，VCU 结合这些状态信息及当前的功率输出需求，来平衡高压电功率的使用。

3）当 BMS 可用放电功率有限（如高压电池包电量低、爬大坡等）时，VCU 会根据动力优先原则,适当限制电动空调压缩机(ACP)和电加热器(PTC)等高压电模块输出的功率。

3. 制动能量回收

滑行或者减速的时候,整车控制系统能够进行制动能量的回收。制动能量通过驱动电机转换为电能储存到高压电池组中。

当 ABS 被激活或者 ABS 故障的时候,整车控制系统将关闭该功能。

4. 辅助功能

(1) 冷却风扇控制

根据热管理策略控制冷却风扇的工作。

(2) 仪表显示

仪表上动力系统就绪、动力系统故障的信号来自于 VCU。

(3) 充电下的辅助功能

充电模式下,VCU 控制风扇、水泵和 DC/DC 工作。荣威 Ei5 车型 VCU 系统框图如图 8-27 所示。

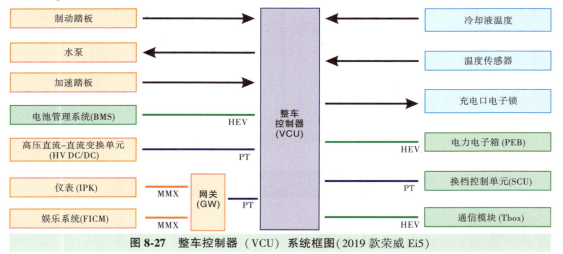

图 8-27 整车控制器（VCU）系统框图（2019 款荣威 Ei5）

二、整车控制系统电路识读示例

整车控制器(VCU)是整个车辆混合动力系统(PHEV)的核心控制部件,它采集或接收加速踏板信号、制动踏板信号、其他动力系统部件信号和车身控制模块(BCM)信号,做出相应判断(例如,驾驶人的意图识别)后,控制 PHEV 系统中各子部件控制器的动作(例如,变速器换档,电机转矩,发动机转矩等),驱动汽车动力输出。同时它还作为整车的能量管理中心,控制高压电池包的 SOC 平衡和 12V 低压系统的电源输出。

VCU 的主要功能包括驱动转矩控制、制动能量回收控制、整车的能量管理、CAN 网络通信功能、混合动力系统的故障诊断和处理、车辆状态监视和故障应对等。

VCU 硬件主要包括微处理器、看门狗监控模块(计时器)、CAN 通信模块、BDM 调试模块、串口通信模块、电源及保护电路模块、各种输入输出 IO 控制以及保护电路、PWM 控制接口电路等。2018 款吉利博瑞 GE 车型 VCU 电路如图 8-28 所示。

模块八　新能源汽车高压系统电路识读与维修

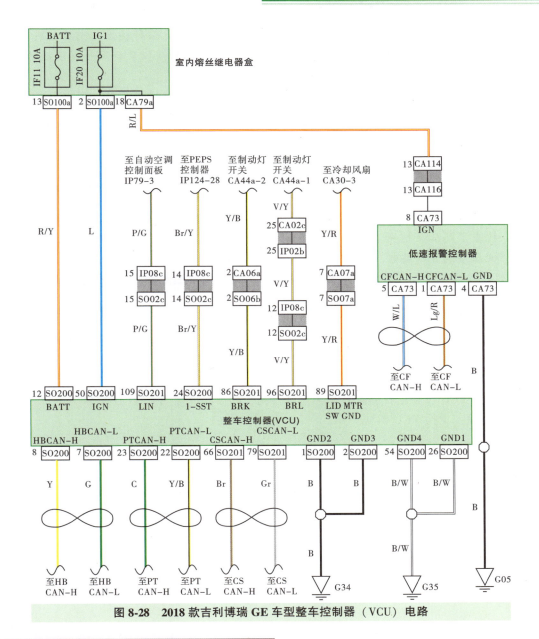

图 8-28　2018 款吉利博瑞 GE 车型整车控制器（VCU）电路

三、整车控制系统故障维修案例

故障现象：北汽新能源 EV200 车型事故修复后（左前侧碰撞）车辆无法行驶，高压电池断开故障灯和整车系统故障灯报警。

检修过程：

1）拆下机舱内所有高压部件和二次支架及机舱线束，进行钣金校正和外围部件更换，线束和高压部件外壳未变形受损。

2）检查机舱内低压线束和高压线束（包括熔丝盒）没有破损、变形和挤压现象，高压部件（MCU、DC/DC、高压控制盒、车载充电机）外观没有受损、挤压和变形现象。

3）据车主描述，该车修复后在道路上行驶一段距离后就无法行驶了，高压电池断开故障灯和整车系统故障灯都点亮了。经检查发现将加速踏板踩到底仪表会黑屏或不规律闪烁、电动真空助力泵常转。

4）给车辆进行充电，在充电时观察机舱，发现充电机散热风扇不转。用手触摸车载充电机散热片时能明显感觉到发热现象，无法充电。

5）打开高压控制盒后，进行高压熔丝测量。发现车载充电机的高压熔丝并没有烧毁，而其余的三个高压熔丝全部烧毁。

6）对与烧毁熔丝相连接的高压部件进行逐一拆解检查，接着又对DC/DC进行拆解，拆开后发现DC/DC电路板上有一圆片插件已烧毁，模块也有烧蚀的迹象。所有烧毁的部件除了电子空调压缩机外都替换了新的部件，试车，结果车辆还是不能行驶。

7）检查了高压系统所有的连接插头，插头连接牢固，极性全都正确。点火开关打到ON档，低压系统可以供电，对该车用专用检测仪读取故障码，发现除了安全气囊电脑可以与检测仪建立通信外，其余模块均无法通信。在清除安全气囊电脑故障码后，故障码并没有再出现。

8）由于诊断设备与VCU和动力电池无法建立通信，对低压总熔丝和熔丝盒进行了检测，熔丝与同款正常车辆对比，除了真空助力泵的熔丝拔出外其他都良好。后经逐步检查发现点火开关各档位、VCU供电均正常，15号线继电器工作也正常，CAN线也无短路或断路现象。

9）由于VCU在整车控制策略里优先级最高，判断故障原因是VCU损坏。

故障排除：更换VCU模块。

附录 常见汽车电路英文缩略语解释

1GR~7GR 1档~7档
2WD 两轮驱动
4WAS 四轮主动转向
4WD 四轮驱动

A

A 安培
A/B 安全气囊
A/C 空调
A/F 空气燃料比（空燃比传感器）
A/T 自动变速驱动桥/变速器
AAS 汽车调整悬架
ABS 防抱死制动系统
AC 交流电
ACC 附件
ACCS 高级气候控制系统
ACL 空气滤清器
ACV 空气调节阀
AD 自动下降
ADD 附加
AIS 空气喷射系统
ALL 自动负载均衡
ALT 交流发电机
AMP 放大器
AM 调幅
ANT 天线
AP 加速踏板
APP 加速踏板位置
ASV 供气阀
AT 自动变速器
ATC 空气温度控制
ATCU 自动变速器控制单元
ATF 自动变速箱液
ATX 自动变速驱动桥
AU 自动上升
AV 音响视频
AWD 全轮驱动

B

BBAT 蓄电池
B+ 蓄电池正极电压
BAC 旁路空气控制
BARO 大气压力
BCM 车身控制模块
BEAM 远光指示灯
BLSD 制动器防滑差速器
BPP 制动踏板位置
BRAKE 制动警告灯
BSI 盲点干预
BSW 盲点警告
BUS 数据总线

C

CAN 控制区域网络
Cav 针(孔)
Cct 电路
CDL 中控门锁
CHECK ENGINE 发动机检查警告灯
CHG 充电警告灯
CHSML 中央高位制动灯
CIGAR 香烟
CIS 连续燃油喷射系统
CKP 曲轴位置传感器
CL 闭环
CMP 凸轮轴位置传感器
CM 控制模块
Col 颜色
COMBI 结合
CONT 控制
CON 调节器
CORNER SONAR 倒车传感器指示灯
CPC 炭罐净化控制
CPP 离合器踏板位置
CPU 中央处理器

CRUISE 自动巡航控制系统指示灯
CTP 节气门关闭位置
CVT 无级变速驱动桥/变速器
CYL 气缸

D

D 前进档
D/STREAM 下游
D1 驱动档 1 档
D2 驱动档 2 档
D3 驱动档 3 档
D4 驱动档 4 档
DC 直流电
DCA 车距控制辅助
DCU 诊断控制单元
DDM 驾驶人侧门组合开关
DDS 下坡缓降系统
DEF 除霜装置
DFI 直接燃油喷射系统
DI 转向，分电器点火
DIP 近光
DLC 数据接口
DLI 无分电器点火系统
DN 向下的
DOHC 双顶置凸轮轴
DOOR 车门未关严警告灯
DRL 日间行车灯
DTC 诊断故障码
DTM 诊断测试模式

E

E 搭铁
E/T 排气温度
EAT 电子自动变速器
EBD 电子制动力分配
EC 发动机控制
ECL 发动机冷却液液位
ECM 发动机控制模块
ECPS 电控动力转向装置
ECT 发动机冷却液温度
ECU 电子控制单元
ECV 电动控制阀
EEPROM 电子可清除可编程只读存储器

EF 发动机舱熔丝
EFT 发动机燃油温度
EGR 废气再循环
EGRT 废气再循环温度
EGT 排气温度
EHPAS 电动液压助力转向装置
EI 电子点火
ELEC 电子
ELR 紧急锁紧式安全带卷收器
EOP 发动机机油压力
EP 排气压力
EPR 排气压力调节阀
EPS 电控动力转向系统
ESP 电子稳定程序系统
ETACS 电子时间和警告控制系统
ET 电子节气门
EVAP 活性炭罐
EXC 排气控制

F

F 乘客舱熔丝，前
F/B 熔丝和继电器盒
F/GA 燃油表 F/I 燃油喷射器
FC 风扇控制
FCW 前向碰撞警告
FET 场效应晶体管
FIC 燃油喷射器控制
FICB 快怠速阻风门强制开启系统
FL1.5 熔丝截面 1.5mm^2
FOG 雾灯指示灯
FP 燃油泵
FPR 燃油泵继电器
FR 前面
FRP 燃油轨气压
FRT 燃油轨温度
FTP 燃油箱压力
FTT 燃油箱温度
FUEL 燃油不足警告灯

G

GEN 发电机
GIU 变速器接口单元
GND 搭铁

GPS 全球定位系统
GST 通用扫描工具

H

H/D 发热器/除霜装置
H/L 前照灯
HBMC 液压车身运动控制系统
HDD 硬盘驱动器
HEAT 发热器
HI 高
HLL 前照灯水平
HO2S 加热型氧传感器
HOC 加热型氧化催化器
HRW 后风窗加热
HS 高速
HU 液压装置

I

IA 进气
IAC 怠速空气控制
IAT 进气温度
IBA 智能制动助力
IC 点火控制
IC 集成电路
ICC 智能巡航控制
ICM 点火控制模块
I/F 接口
IG 点火装置
IGN 点火
IG 点火
ILL 照明灯
ILL/ILLUM/ILLUMI 照明
Illumi 照明
I/M 检查和保养
IMMO 防盗
IND 指示灯
INT 间歇
IPDM E/R 发动机舱智能电源分配模块
ISC 怠速控制
ISS 输入轴转速

J

J/C 连接插接器

JB, J/B 接线盒

K

KS 爆燃传感器

L

LBC 锂电池遥控器
LCD 液晶显示器
LCU 局部控制单元
LDP 车道偏离预防
LDW 车道偏移警告
LED 发光二极管
LF/FL 左前
LH 左手侧
LIN 局域网
LO 低
Lo 低档
LR 左后方
LSM 灯光控制模块

M

M/B 总熔丝盒
M/T 手动变速驱动桥/变速器
MAF 质量型空气流量
MAP 歧管绝对压力
MDU 多功能显示单元
MFI 多点燃油喷射
MG 磁铁
Mi 中档
MI/MIL 故障指示灯
MIC 传声器
MID 中间
MIN 分钟
MIX 混合气
MPX 多路传输
MS 中速
MT 手动变速器
MTX 手动变速驱动桥
M 电动机

N

N 空档
NC 常闭

NOX 氮氧化物
No 常开

O

O2 氧
O2S 氧传感器
OBD 车载故障诊断系统
OC 氧化催化转换器
OCV 油液流量控制电磁阀
OD，O/D 超速档
ODO/TRIP 里程表、短距离里程表
OFF 关闭
OIL 机油压力警告灯
OL 开环
ON 打开
OP 选装件
OSC 振荡器
OSS 输出轴转速

P

P 驻车档，动力
P、R、N、D 变速杆位置指示灯
P/S 动力转向
P/S 动力转向装置
PASS 超车
Pass 乘客
PBR 电位平衡电阻器
PCB 印制电路板
PCM 动力传动控制模块
PCV 曲轴箱强制通风
PDC 停车距离控制
PJB 乘客分线盒
PNP 驻车/空档位置
Pos/Poti 位置
POSITION 示廓灯的指示灯
PRC 压力调节器控制
PRG 清洗电磁阀
PSP 动力转向压力
PTC 电位温度系数
PTC 正温度系数发热器
PTO 动力输出装置
PWM 脉冲宽度调制
PWR 供电

Q

QSS 快速起动系统

R

R RF 射频
R 继电器
RAM 随机存储器
RAS 后主动转向右侧
RC 中后
REC 循环
REC 二次循环
rev/min 转/每分钟
RF/FR 右前
RH 右侧
RL/LR 左后
ROM 只读存储器
RPM 发动机转速
RR 后面，右后方
RR 右后
R 后

S

SAE 车辆工程师协会
SAS 精密安全气囊传感器
SBF 慢熔熔断器
SCK 串行时钟
SCR 屏蔽
SDS 维修数据和技术参数
SEAT BELT 座椅安全带警告灯
SECTION 部分
SEI 连续多点燃油喷射系统
SIG 信号
SOL 电磁线圈
SONAR OFF 倒车传感器关闭指示灯
SP 速度
SPEED 车速表
SPK 扬声器
SPV 溢出阀
SRS 保护装置
SRS 辅助乘员保护系统警告灯
SRT 系统启用检测
SST 专用维修工具

ST 起动
ST 起动机
SW 开关

T

T/GA 发动机冷却液温度表
TACHO 转速表
TC 涡轮增压器
TCC 液力变矩器离合器
TCM 变速器控制模块
TCS 牵引力控制系统
TCU 终端通信单元
TEMP 温度
TFT 变速驱动桥油的温度
TGV 换向阀
TICS 三通管进气控制系统
TNS 车尾号码侧灯
TP 节气门位置
TPMS 轮胎气压监测系统
TP 节气门位置传感器
TSS 涡轮轴转速
TURN(LH)LCD 液晶显示器
TURN(RH)转向信号指示灯、危险警告指示灯
TWC 三元催化转换器
TWS 总接线系统

U

U，UP 向上

U/STREAM 上游
UBR 经过主继电器的电压
USS 上坡起步系统

V

V 伏特
VAF 容积式空气流量传感器
VCM 车辆控制模块
VDC 车辆动态控制系统
VENT 通风
VICS 车辆信息通信系统
VICS 可变惯性进气系统
VIN 车辆识别码
VOL 容积
VRIS 可变谐振进气系统
VR 调压器
VSS 车速传感器
VTCS 可变进气涡流控制系统
VVL 可变气门升程装置

W

WASH 洗涤器
WOT 节气门全开
WS 轮速
W 瓦特

参 考 文 献

[1] 陈修山，李伯林. 汽车电路识图[M]. 北京：北京理工大学出版社，2010.
[2] 崔淑丽. 汽车电路识图[M]. 北京：人民交通出版社，2002.
[3] 李春明，魏崴. 汽车电路识图[M]. 北京：高等教育出版社，2006.
[4] 石光成，李朝东. 汽车电路识图[M]. 北京：北京邮电大学出版社，2009.
[5] 付百学，王庆华，李毅. 汽车电路识图入门[M]. 北京：中国电力出版社，2007.
[6] 卢小虎. 汽车电路识图速成与技法[M]. 南京：江苏科学技术出版社，2007.
[7] 吴基安. 汽车电路识图与检修[M]. 北京：电子工业出版社，2003.
[8] 袁辉，邓妹纯. 汽车电路与电子系统检修[M]. 北京：人民交通出版社，2010.
[9] 文明. 三图法解析汽车电路与故障诊断[M]. 北京：电子工业出版社，2006.
[10] 娄云. 汽车电路分析[M]. 北京：机械工业出版社，2005.
[11] 董宏国，廖苓平. 汽车电路分析[M]. 北京：北京理工大学出版社，2005.
[12] 刘甫勇. 汽车电路分析及检测[M]. 北京：电子工业出版社，2008.
[13] 麻友良. 汽车电路分析与故障检修[M]. 北京：机械工业出版社，2006.
[14] 田小良. 汽车电路识图[M]. 北京：人民交通出版社，2005.